ドラッカー『イノベーションと企業家精神』で学ぶ

発想転換戦略

：私の経験

坂本和一

東信堂

はじめに

本書は、ドラッカーの代表作の一つ、『イノベーションと企業家精神』(一九八五年刊行)から筆者が経営学の一学徒としてと同時に、特に大学経営の一実践者として何を学んだかを明らかにしたものです。

経営の世界で、イノベーションということが語られなかったことはありませんが、今ほどイノベーションの重要さが問題になっていることはなかったように思います。また経済、経営の領域では当然のことですが、社会の活動領域全般にわたって、イノベーションの意味、重要さが語られる時代を迎えています。今、学問、科学技術の世界でも、芸術、文化の世界でも、現状を変革する雰囲気が渦巻いていますが、そのような動きは、総じてイノベーションというコンセプトで語られることになっています。

「イノベーションの発明」

社会の様々な生産要素を新しく組み替えること(新結合)が社会の経済活動の活性化の機動力であるということを説いたのは、広く知られるように経済学者シュンペーターで、一九一二年に著わした『経済発展の理論』という著書においてでした。以後この考えはイノベーションというコンセプトで広く語られるようになり、経済、経営の世界の重要コンセプトとになりました。

しかし、イノベーションというコンセプトは、その重要性がいわれながら、それを実際にいかに起こすのかという実践的な研究はなかなか起こりませんでした。

これを実現したのは、シュンペーターの著作からかなり時間を経た一九八五年、ドラッカーの『イノベーションと企業家精神』という著作においてでした。ドラッカーはこの著作で「イノベーションのための七つの機会」という考えを提起し、実際にイノベーションを起こす手立てについて説きました。これによってイノベーションははじめて単なる社会的意義の世界から社会の具体的な変革の手段、道具の世界に登場することになりました。

私はこれを「イノベーションの発見」から、多分あまり聞きなれない表現でしょうが「イノベーションの発明」への前進と位置付けてきました。ドラッカーは世に「マネジメントの発明者」と呼ばれてきていますが、ドラッカーは「イノベーションの発明者」でもあったのです。

先にも触れましたように、今日は社会活動のあらゆるところでイノベーションが語られる時代です。その際、必ずといっていいようにイノベーションの唱道者、発見者シュンペーターの名前が語られます。しかし、具体的なイノベーションの進め方を提起したドラッカーの名前が語られることは、少ないように思われます。イノベーションについて、シュンペーターと同時にドラッカーがもっと語られていいということと、さらに両者の語ったイノベーションの「関係」が実践的に語られていいのではないかと、筆者は考えています。そのことについても本書は具体的に触れています。

『イノベーションと企業家精神』と私

ここで少々、ドラッカーの「イノベーションと企業家精神」と筆者の関わりについて述べます。

私が『イノベーションと企業家精神』に接したのは同書が刊行された一九八五年直後のことでした(同書は米日同時刊行)。当時、私の本務校である学校法人立命館では大学改革、学園改革の課題に直面していて、その方向や課題について学内で研究会が企画されました。私はそのうちの一つでの問題提起者を頼まれたこともあり、改めて組織改革についての課題の整理をせまられていた矢先に出会ったのが、店頭に出たばかりのドラッカーの『イノベーションと企業家精神』邦訳でした。

率直にいってそれまでドラッカーの著作は刊行されるたびに手にするとはいえ、あまり性根を入れて勉強するほどのドラッカー・ファンではありませんでした。

しかしその時の迫られた課題もあり、相当入れ込んで『イノベーションと企業家精神』を読んだのを思い出します。

そんなこともあり、『イノベーションと企業家精神』はドラッカーの著作のうちで私がはじめて集中して取り組むことになった著作となりました。ただそのような事情もあり、私が『イノベーションと企業家精神』に取り組むことになったのは、経営学の書としてというよりは、直面する大学改革、学園改革の方向やその方策を探るという、ささやかながら実践的な課題からでした。その中身については後段で触れますが、結論からいえば、一九九〇年代から取り組むことになる大学改革の最大の理論的、実践的な、また精神的な支柱となったのは、この書でした。

大学改革と私

ここで、一九九〇年代から二一世紀にわたる大学改革の状況と私自身の関りについて少し具体的に触れておきます。

私の大学改革実践の舞台は一貫して学校法人立命館と立命館大学でした。この当時、立命館の改革課題は、まず一九八〇年代から九〇年代にかけては、立命館大学自体の振興であり、さらに九〇年代から二一世紀にかけては情報化、国際化・グローバル化時代の到来に対応した学園総体の改革でした。そして、前者を象徴したのがそれまでの中心キャンパス、京都市の衣笠キャンパスとは別の、滋賀県草津市でのびわこ・くさつキャンパス（ＢＫＣ）開設と学部移転・新設であり、後者のシンボルは大分県別府市での新大学、立命館アジア太平洋大学（ＡＰＵ）開設でした。ＢＫＣは一九九四年四月に開設され、ここで理工学部の移転が実現しました。さらに一九九八年四月には経済学部、経営学部という社会科学系二学部の移転が実現しました（ただ、経営学部は二〇一五年四月、さらに大阪いばらきキャンパス（ＯＩＣ）に移転）。また引き続き、二〇〇〇年四月には別府市で、ＡＰＵが開設されることになりました。

この時期、ちょうど私自身が役職上、一九八八年度から一九九〇年年度の間教学部長、一九九四年度から一一年間学園の副総長を担うことになったことで、上記のような大学と学園の改革事業の多くに関わることになりました。

上記の二つの事業はキャンパス新設を前提としたもので、いずれも規模が大きく、また新しい構想に基づくものであったこともあり、当時社会的にも注目度の高いものでした。とくにＡＰＵ開設計画は、社会的にその成否が大いに話題になる性格のものでした。

さらにその規模と当時に、改革を構成する大学づくりの個々の要素が当時の大学のあり方の常識を超えるところが多々あり、「それが大学のやることとか」と揶揄されることもありました。産学連携の積極的な展開や、推薦入試をはじめとする多様化入試の採用など、今では私立、国公立を問わず競って採用を推進しているものですが、一九八〇年代から九〇年代当時は忌避されたものが多くありました。今でこそ改革の常套手段になっていますが、当時はその推進に相当の社会的抵抗を覚悟しなければならないものでした。

このような改革事業に関わり、現実に進める際に、大きな励ましになったのは、ドラッカーのイノベーションの発想でした。「イノベーションを行う組織こそが、これからの時代において主役となる」(ドラッカー『マネジメント』一九七三年、邦訳下、二九六ページ)というドラッカーの言葉は、当時まだ社会的に一般的とはいえない試みを果敢に進めようとするものには、大きな励ましとなりました。それは必ずしも大学として、学園全体として、公式に確認された原則というものではありませんでしたが、それらの仕事の完遂に責任をもつことになったものには、密かに大きな心の支えとなりました。

そのような仕事に関わることで、私自身は多くの貴重な経験をさせてもらいましたが、今思い返してその最大のものは、大きな仕事には現状を大きく変える「発想転換」というものが必ず必要であるということでした。そこそこの規模のことであれば現状の手直しでも実現できます。しかし規模の大きなもの、範囲が大きく広がる計画については、根本から現状を革新する「発想転換」が不可欠であるということです。「発想転換なくしてイノベーションなし。」偉そうないい方になりますが、一九九〇年代から二一世紀初頭に立命館の大学改革、学園改革に関わって、これが私の学んだことです。本書はこのことを、改革の節々で出会った具体的なテーマに則して話を進めます。

イノベーション志向が競争を正す

イノベーションは私たちの社会活動のあらゆる領域にわたって、現状を改革し、活動を活性化する手段として、今日ますますその役割が注目されています。どのような活動分野であれ、イノベーションの重要性が語られないことはありません。しかし、イノベーションは語られ、論じられうるほど容易なものでないことも多くの人々が実感してるところです。

ところで、イノベーションを志向する経済行動が果たす、もう一つの重要な社会効果について、語られることはあまり多くありません。それは、イノベーション志向が、現代社会を律するルールとしての市場競争のあり様を整序する役割を果たすということです。

あまり聞きなれない問題提起なので、すこし説明いたします。

今日、企業の世界、組織の世界をみると、残念なことですが、社会が望まない不正、不祥事が蔓延しています。長年世界で名を馳せてきたような著名企業が、当面の利益の最大化を求めた結果の不正経理で一瞬にして存続の危機に瀕しているケースもあります。

このような状況をみていると、改めてマネジメントが心得るべき経営哲学というものの大切さを実感させられます。成果を求める「経営戦略」以前に、その基礎となるべき「経営哲学」が必要なようです。これまで企業成長に向けての経営戦略の重要さが強調されてきましたが（その点はこれからも変わらないでしょうが）、それを支える経営哲学の大切さがより一層強調される必要がある時代です。それは企業存続に関わる最重要課題です。

経営哲学をめぐっては、長い論議の歴史があります。経営学、マネジメント学の発展に関わった主要な研究者は、概ねこの問題に積極的に論議に関わり、マネジメントにおける成果実現の機能と同時に、マネジメントにおける人間性、道徳性の重要性を強調してきました。それは、人間の営みとしてのマネジメントの重要な側面をなしているからです。

しかしこれまでのところ、マネジメントにおける機能主義の側面と人間主義の側面は、二元論にとどまっているように思われます。機能主義の側面が具体的な企業や組織の制度やシステムに体現されるのに対して、人間主義の側面はあくまでも「あるべき」論的な性格を持っており、道徳的、倫理的性格を逃れていないからです。したがって、これら二つの側面の実現を統一するような経営哲学の論議はこれ以上進んでいないようにみえます。

それではマネジメントにおける機能主義と人間主義の二元を統一する原理は何か。本書は最後に、この問題を考えようとしています。

人間主義的経営哲学を超える

経営哲学には概ね二つの潮流があると理解されます。一つは純粋に機能主義的、成果主義的な潮流です。これは、企業、組織を人、もの、かね、情報の集合ととらえ、その最適な組合せによっていかに最大限の成果（利益）を実現するかを考える立場です。

もう一つは機能主義と人間主義の結合を考える潮流で、前者との対比で、一言でいえば人間主義的潮流とでもいわれるものです。これは、企業、組織における人間という要素の独自の役割を重視し、人間のもつ創造力を要に成果を実現するシステムを考える立場です。

もとより何よりも明確な成果を求めるための経営哲学として、支配的な潮流は第一の機能主義的な潮流です。今日経営学の主要な潮流は経営学の「科学化」といわれ、世界のビジネス教育の最先端の現場、ＭＢＡではこの傾向が顕著に進んでいます。これはまさに、経営哲学における機能主義的潮流と表裏の関係にあります。

しかし経営哲学の人間主義的潮流はなくなっているわけではありません。それはむしろ、経営学のカリスマ的担い手といわれるような、社会的に影響力をもつ人々を通して受け継がれてきています。チェスター・バーナード、ピーター・ドラッカー、ヘンリー・ミンツバーグ、野中郁次郎、稲盛和夫といった、その時代、時代を代表する経営学者、経営者です。これらの人々はもとより独自の存在感をもつ人々ですが、経営学教育の主流、ＭＢＡ派からは「非科学的」経営学の担い手とされ、敬して遠ざけられる存在となっているように思われます。したがって、これらの人々は、社会的には大きな存在ですが、積極的に世界のＭＢＡの教育の現場では、取り上げられることは多くありません。

そのような状況の中で、筆者は先に述べたような「利己的」な企業世界の実情を改める上で、人間主義的経営哲学が果たしている役割はきわめて重要なものがあると考えています。したがって、人間主義的経営哲学をもっと現実的な力をもったものとしなければならないと考えているものの一人です。

しかし後にもみるように、人間主義的経営哲学にもとづくマネジメントは、今日の現実のマネジメントにおいても重要な役割を果たしていますが、現実の機能的な経営哲学に対して次元の違う精神論的、道徳論的な性格をもっています。したがってそれは、機能主義的なマネジメントに対抗する力としては、残念ながら偶然的なものにとどまらざるを得ないのです。

このような現実の中で人間主義的経営哲学を超える新しい経営哲学はどのようなものであるべきなのか。人間主義的経営哲学は精神論、道徳論としての限界をいかにして超えるか。これがこれからの課題です。

この課題を考えるに際して鍵となるのは、市場社会における企業の競争のあり方についての基本理念の問題です。もっと具体的にいえば、今日市場社会では、利益最大化のもとでの競争から様々な不正、不祥事や反人間的行為など引き起こされていますが、このような人間主義的な規範からの逸脱を抑止するような競争がどのようにありうるのかということです。

このような市場社会を目指すために想定されなければならないことは、市場競争において「他人の取り分を犠牲にして利益を上げる」ような行いを回避することです。典型的にいえば、「限られたマーケットでのシェアを取り合うような競争」のない、他者を犠牲にしない、少なくとも直接に犠牲にしない活動の場をつくり出し、広げていくことです。もしこのような企業活動の場が広がり一般化すれば確実に人間主義的な企業規範から逸脱するような活動は大きく後退するでしょう。

「ブルー・オーシャン戦略」の役割と可能性

熾烈な競争を展開している企業社会においてそのようなことを想定することはナンセンスに思われるかもしれません。しかし経営戦略論の歴史の中で、すでに「限られたマーケットでのシェアを取り合うような競争」の世界を超える経営戦略が提唱されてます。知られるように、二〇〇五年、チャン・キムとレネ・モボルニュによる『ブルー・オーシャン戦略』の提唱です。

両氏は、ライバル同士が同じ市場で限られた獲物をめぐって血みどろの戦いを繰り広げる「レッド・オーシャン（赤い海）戦略」に対して、競争そのものを無意味なものにしてしまう、まったく新しい市場を創造する「ブルー・オーシャン（青い海）戦略」を提唱します。両氏は、この中で、未知の市場空間を創造し、差別化と低コストを同時に実現するための戦略を提唱しました。

筆者はこのブルー・オーシャン戦略の考え方が人間主義的経営哲学の限界を超える発想の重要

なヒントとなると考えます。

それでは、ブルー・オーシャン志向、イノベーション志向の市場社会は実現可能でしょうか。私見では、それはこれからの経済社会の動向に沿ったものとして、積極的な展望をもちうるものと考えます。

社会進化の要としてイノベーションの役割を強調し、これが「断絶の時代」を現出するとしたのはドラッカーでしたが、ドラッカーの著『断絶の時代』が出された一九六九年からほぼ半世紀が経った今日、社会進化の要としてのイノベーションの役割は依然として変わらない。というよりも、二一世紀の現在、「スタートアップ（起業）大競争時代」といわれるように、またIT産業や人工知能（AI）技術、再生医療技術の発展を先頭にした「第四次産業革命の時代」がもてはやされるように、イノベーションは新しい勢いを増しています。

さらにイノベーションをめぐる状況は半世紀前とは大きく変わってきています。半世紀前、イノベーションは産業中心、それも大産業、大企業中心のイノベーションでした。しかし、今日イノベーションは社会の範囲においても深さにおいても大きく変わってきています。それを象徴するのがソーシャル・イノベーション、ソーシャル・ビジネスです。それらは、NPOやNGOのように寄付やボランティアに依るのではなく、基本的には市場経済原理に基づく事業として実現しようとするものです。

このような角度からのイノベーションの重要性は今日大きく社会的注目を浴び、イノベーションの果たす社会的守備範囲を大きく広げています。ドラッカーはこのようなソーシャル・イノベーションの重要さをすでに一九七三年の『マネジメント』の二五章で指摘しています。

これまで企業行動に関わる不正、不祥事が起こるたびに、企業の倫理が問われ、利益の追求と同時に、企業道徳の必要が問われてきました。

それはそれできわめて大切なことです。本書はこのことの意義をいささかも過小評価しようとするものではありません。私たちは今も毎日のように目に触れる企業の不正、不祥事に対して企業道徳、企業倫理の面から厳しい目を絶やしてはなりません。

しかしそれと同時に、より根本のところで、市場における企業の競争のあり方自体に問題はないのか、というのがここでの問いです。

他者を犠牲にし、他者の成果を横取りするような、「利己的」なレッド・オーシャンの勝者を目指すのではなく、「利他的」にイノベーションを目指し、ブルー・オーシャンを目指す競争の中に道徳的、倫理的なものをこえる可能性があるのではないかというのが本書の主張です。

本書は私がドラッカーの著作『イノベーションと企業家精神』を読みながら学んだことと、同時に並行して経験した立命館での大学改革、学園改革の現実の中で考えたことを、「私のイノベーション論」としてまとめたものです。

経験の部分は、日本の一つの私立大学・学園が舞台ですが、イノベーションは抽象論で語るよりも具体的経験が価値がある、というのが私の信念です。ささやかですがそのようなものを提供できればと願っています。

私はこれで、ドラッカーの三つの主要著作『現代の経営』（一九五四年）、『断絶の時代』（一九六九年）、『イノベーションと企業家精神』（一九八五年）についてのいわばコメンタール的著書を上梓することになりました。

いずれも株式会社東信堂さんにお世話になりました。出版状況が甚だ厳しい中、同社下田勝司社長の格別のご厚意をいただきました。改めて厚くお礼を申し上げます。

二〇一八年七月三〇日

目次／ドラッカー『イノベーションと企業家精神』で学ぶ発想転換戦略：私の経験

VI. イノベーション志向は「利己」の資本主義を超える
――市場競争におけるフェアプレイのために

ドラッカー『イノベーションと企業家精神』で学ぶ発想転換戦略：私の経験

Ⅰ．「イノベーションの発明」

――『イノベーションと企業家精神』（一九八五年）の歴史的意義

はじめに

ドラッカーは「マネジメントの発明者」として知られます。第二次世界大戦後迎えた組織社会で、不可欠の要素としてマネジメントの実践が求められましたが、ドラッカーはその体系的な知識、知識体系をはじめて世に示し、「マネジメントの発明者」といわれることになりました。二〇〇五年一一月二八日号の *Business Week* 誌は、同年一一月一一日九六歳（の直前）で逝去したドラッカーを追悼したカバーストーリの表題を「マネジメントを発明した男（THE MAN WHO INVENTED MANAGEMENT）」としました。

ところでドラッカーは、「マネジメントの発明」に引き続き、もう一つ、「イノベーションの発明者」でもありました。ドラッカーが「マネジメントの発明者」であったことについては、これまで多く語られてきました。しかし、ドラッカーがさらに「イノベーションの発明者」であったことについては、これまで論じられることがありませんでした。本書はドラッカーのイノベーション論についてあきらかにしますが、本章は、まずこのことについてあきらかにします。

ドラッカーはマネジメントを発明した書とされる『現代の経営』（一九五四年）以降、マネジメントにおけるイノベーションの役割について言及しなかった著書はありません。彼の数多いいずれの著書においても、マネジメントにおけるイノベーションの役割が熱く語られてきました。

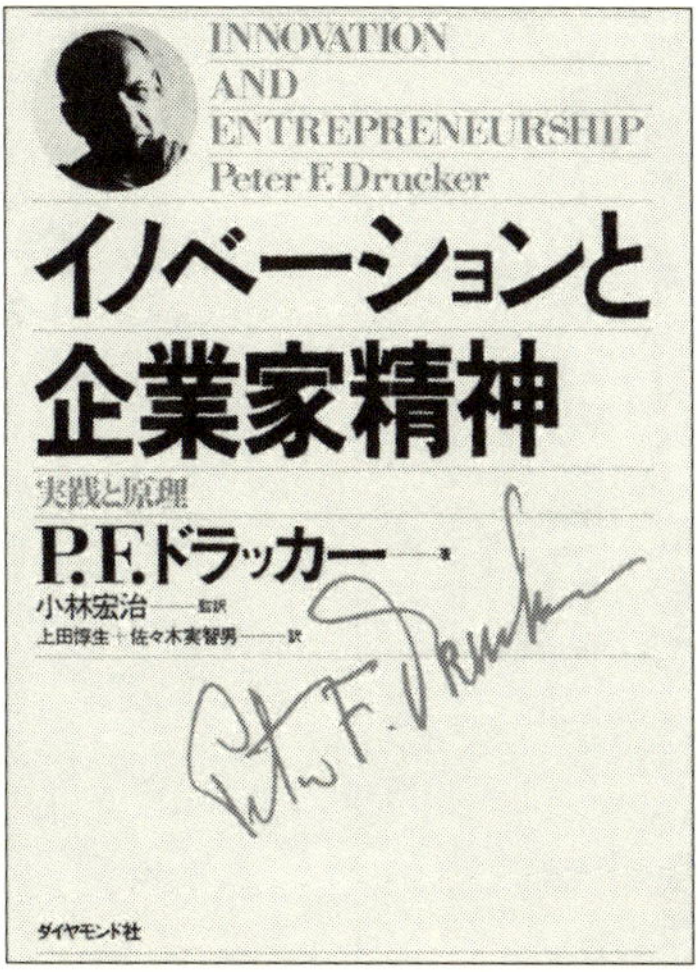

P.F. ドラッカー『イノベーションと企業家精神』邦訳初版 表紙
（上田 淳生訳、ダイヤモンド社、1985 年）

しかし、この課題がはじめて「体系的」に提示されたのは、一九八五年刊行の『イノベーションと企業家精神』においてでした。

もとより、それまでにも組織社会としての産業社会におけるイノベーションの働きについては、多くの論者の言及がありました。その嚆矢は、よく知られるようにシュンペーターの『経済発展の理論』（一九一二年）でしょう。

しかし、シュンペーターも含めて、それまでイノベーションの実践について、理論的、経験的な知識体系は世に提示されたことはありませんでした。その意味で、イノベーションは「発見（discover）」されていましたが、それは未だ「発明（invent）」されていませんでした。それは未だ、実践に役立つ知識の体系として「発明」されていなかったのです。それは、マネジメントについていえば、『現代の経営』以前の段階でした。

イノベーションついてこの新しい段階を切り開いたのが、『イノベーションと企業家精神』でした。それは、「マネジメントの発明」において『現代の経営』が占めたと同様の位置を「イノベーションの発明」において占めるものとなりました。

ドラッカーの、このもう一つの新しい「発明」はいかにしてなされたのか。またそれは、どのような社会的背景のもとで実現したのか。本章は、ドラッカーの、このもう一つの「発明」、「イノベーションの発明」について、はじめにあきらかにしておきます。

1. 先立つ「マネジメントの発明」から学ぶこと

「マネジメントの発明」とは何か

「イノベーションの発明」について考える際、もう一度先立つ「マネジメントの発明」について振り返っておくことが必要です。この点については拙著『いま改めて読む、ドラッカー「現代の経営」』(二〇一四年)にくわしく述べていますが(同書改訂版『ドラッカー「現代の経営」が教える「マネジメントの基本指針」』二〇一七年)、「マネジメントの発明」については、あらかじめ確認しておくべきことが二つありました。

第一は、「マネジメントの発明」といわれるべきことと、「マネジメントの発見」の意味の違いです。第二は、なぜ単なる「マネジメントの発見」を超えて、「マネジメントの発明」がなされなければならなかったのか、その社会的背景は何だったのかということです。

『現代の経営』による「マネジメントの発明」

まず第一に、「マネジメントの発見」と「マネジメントの発明」の意味の違いについて確認してきます。

ドラッカーは「マネジメントを発明した男」といわれ、一九五四年に刊行された『現代の経営』は「マネジメントの発明」の金字塔とされます。『現代の経営』は、これまで世に問われたことがなかった実践的な「マネジメントの体系」を示すために刊行されました。これが「マネジメントの発明」といわれる所以です。

しかしドラッカーは、『現代の経営』に至る思考の過程を自身でそれほど詳細に書き残しているわけではありません。この点でほとんど唯一参考になるのは、同上書、一九八六年版に付された「はじめに」でしょう。この文章は、簡潔な叙述の中に、ドラッカーが『現代の経営』を著した当時の自身の研究の背景や、「マネジメント」に関する史上最初の体系書としての同書に対する自負を興味深く伝えています（この「はじめに」は、同上書、一九九八年版邦訳・ドラッカー選書に収録されていますが、二〇〇六年版邦訳・ドラッカー名著集には、要約的にのみ収録されています）。

この「はじめに」で、ドラッカーは、『現代の経営』に先立つマネジメントの先駆的業績、フレデリック・W・テイラーの『科学的管理法』（一九一一年）、アンリ・ファヨールの『産業ならびに一般の管理』（一九一六年）、チェスター・I・バーナードの『経営者の役割』（一九三八年）、メアリー・パーカー・フォレットの『組織的行動——動態的管理』（一九四一年）、エルトン・メイヨーの『産業文明の人間問題』（一九四五年）を挙げつつ、それらが企業のマネジメントについての理解を社会的に深める上で果たした役割を讃えました。それらの中でもとくに、テイラー、バーナード、フォレットの業績を高く評価しました。またそれらの先駆的業績の一つに、一九四六年刊行の、ドラッカー自身の『会社とはなにか』も数えました。

しかし、それらの先駆的成果にもかかわらず、『現代の経営』は「世界で最初の経営書」であるとし、次のように述べました。

「（それは）マネジメントを全体として見た初めての本であり、マネジメントを独立した機能としてとらえ、マネジメントすることを特別の仕事として理解し、経営管理者であることを特別の責務としてとらえた最初の本である。」（Drucker, 1954：一九九八年版邦訳「はじめに」ⅳページ）

ドラッカーは、「それ以前のマネジメントに関する本はすべて、そして今日に至るもそのほとんどは、マネジメントの一局面を見ているにすぎない。しかも通常、組織、方針、人間関係、権限など、企業の内部しか見ていない」と述べ、これに対して『現代の経営』は、企業を次の三つの次元で見たといいます。

第一に、市場や顧客のために、経済的な成果を生み出す機関
第二に、人を雇用し、育成し、報酬を与え、彼らを生産的な存在とするための組織、したがって統治能力と価値観をもち、権限と責任の関係を規定する人間的、社会的組織
第三に、社会やコミュニティに根ざすがゆえに、公益を考えるべき社会的機関

そのうえで、「『現代の経営』は、……今日われわれがマネジメントの体系としているものを生み出した。……実はそれこそ、『現代の経営』を書いた目的であり、意図だった」と述べています。（以上、Drucker, 1954：一九九八年版邦訳「はじめに」v～viページ）

こうしてドラッカーは、『現代の経営』によってそれまでだれも果たしたことのなかった「マネジメントの体系」を世に問い、これによって、現代産業社会における経営者支配の「権力の正統性」を確立しようとしました。そしてこれこそが、「マネジメントの発明」といわれるべきものであったのです。

経営者の支配に「権力の正統性」はあるのか

しかし、ドラッカーの「マネジメントの発明」はいきなり実現したものではありませんでした。『現代の経営』が世に問われるまでには、すでに一九三〇年代にドラッカーが来るべき産業社会と経営者支配についての洞察を確立して以来の、長い道のりがありました。そしてこの道のりの根底にあったのは、産業社会における経営者支配に「権力の正統性」はあるのかという、ドラッカーの根源的な問いでした。

一九三九年刊行の処女作『経済人の終わり』と、それに続く一九四二年刊行の『産業人の未来』段階のドラッカーは、新しく浮上する産業社会の支配者が企業経営者であることを確認しつつも、かれらの支配に「権力の正統性」があるとすることを否定していました。

しかし、一九五〇年刊行の『新しい社会と新しい経営』に至り、ドラッカーは、経営者支配の「権力の正統性」を肯定的に評価する立場を明確に打ち出すことになりました。

経営者支配の「権力の正統性」を否定する立場から、これを肯定する立場への転換は、ドラッカーの理論的営みの方向に大きな影響を与えることになりました。その集大成が一九五四年の『現代の経営』であり、その結果としての「マネジメントの発明」でした。

ドラッカーの転換を導いたもの

一九四二年の『産業人の未来』から一九五〇年の『新しい社会と新しい経営』への、経営者支配の「権力の正統性」についてのドラッカーの立場の転換は、なにを背景にしてすすんだのでしょうか。

よく知られているように、この二つの著作の間に、ドラッカーは米国を代表する大企業GM（ゼネラル・モーターズ）から請われて、同社の内部組織調査を行う貴重な機会を得ました。そして、その結果を一九四六年、『企業とは何か』として著しました。結論的にいえば、このGM調査とその成果『企業とは何か』が見出したものが、経営者支配の「権力の正統性」に対するドラッカーの立場を大きく転換させることになったと思われます。

そのような企業観転換の根幹となったのは、伝統的な財産権・所有権にもとづく、「株式会社」としての企業観から、企業を「事業体」「組織体」としてみる企業観への転換でした。この、「株式会社」としての企業観から、企業を「事業体」「組織体」としてみる企業観への転換こそが、経営者支配の「権力の正統性」についての認識を転換させる背景となりました。

この転換の契機は、GMの内部組織調査でした。三年間にわたるGMの内部組織調査は、ドラッカーの企業についての認識を大きく変えました。

この調査をとおして、ドラッカーは企業という存在を「事業を遂行するための人々の組織」として捉えるようになりました。それはまずなによりも様々な仕事を分担する人々と、それらの人々の活動を指揮する管理者の組織であり、さらにそのような人々の事業活動を支える様々な連携関係も含めた一つの組織であるということです。このような企業観からすれば、財産権者・所有権者(株主)は、「株式会社」としての企業にとっての重要さにも関わらず、企業という組織の一つの構成員とみられるわけです。

こうして経営者支配の「権力の正統性」を肯定するとすれば、次に必然的に必要となるのは、これを裏付ける経営者の「マネジメント機能」の実践的知識体系の確立でした。「マネジメント機能」の発揮はもはや、特定の人々の資質や才能ではなく、誰でも身につけ得る普遍的なものにならなければならなかったのであり、そのためには、「マネジメント機能」の客観的な知識体系が確立される必要がありました。

一九五四年の『現代の経営』は、まさにそのようなものとして世に問われました。そしてこれが『現代の経営』が「マネジメントの発明」といわれる所以なのです。

2．「マネジメントの発明」から「イノベーションの発明」へ

「イノベーションの発明」とは何か

このような「マネジメントの発明」の論理と歴史を念頭におくと、これから主題とする「イノベーションの発明」についても同様の問題をあきらかにすることが必要です。換言すれば、『現代の経営』がそうであったように、これから焦点をあてるドラッカーの代表著作の一つ『イノベーションと企業家精神』もこのような視角からその意義をあきらかにすることが求められます。

したがって確認すべき点は、次の二点です。第一は、「イノベーションの発明」といわれるべきことと、「イノベーションの発見」の意味の違いです。第二は、なぜ単なる「イノベーションの発見」を超えて、「イノベーションの発明」がなされなければならなかったのか、その社会的背景は何だったのかということです。

シュンペーターによる「イノベーションの発見」

イノベーションという企業家の営みが経済社会でもつ意義に最初に注意を喚起したのは、周知のように経済学者シュンペーターでした。シュンペーターは一九一二年に著した若き日の著書『経済発展の理論』の中で、次のように述べて、イノベーション（ただしこの時、シュンペーターはこれを「新

結合」(neuer Kombinationen) と呼んだ) の意義をあきらかにしました。

「生産をするということは、われわれの利用しうるいろいろな物や力を結合することである。生産物および生産方法の変更とは、これらの物や力の結合を変更することである。旧結合から漸次に小さな歩みを通じて連続的な適応によって新結合に到達できる限りにおいて、たしかに変化または場合によっては成長が存在するであろう。しかし、これは均衡的考察方法の力の及ばない新現象でもなければ、またわれわれの意味する発展でもない。以上の場合とは違って、新結合が非連続的にのみ現れることができ、また事実そのように現れる限り、発展に特有な現象が成立するのである。」(Schumpeter, 1912：邦訳、一八二ページ)

こうしてシュンペーターは、企業家による新結合が経済発展に果たす現実的な役割を強調しました。

そして、この「新結合」、つまりわれわれがいうイノベーション (シュンペーターは「新結合」という表現を自身で「イノベーション」と言い換えたといわれる) は、周知のように五つの場合を含むとしました。(同上邦訳、一八三ページ)

第一．新しい財貨、すなわち消費者の間でまだ知られていない財貨、あるいは新しい品質の財貨の生産

第二．新しい生産方法、すなわち当該産業部門において実際上未知な生産方法の導入
第三．新しい販路の開拓、すなわち当該国の当該産業部門が従来参加していなかった市場の開拓
第四．原料あるいは半製品の新しい供給源の獲得
第五．新しい組織の実現

ドラッカーは後に、『イノベーションと企業家精神』の序章で、このシュンペーターの果たした役割に触れ、「主な近代経済学者のうち、企業家とその経済に与える影響に取り組んだのはジョセフ・シュンペーターだけである」（Drucker, 1985：邦訳〔一九九七年ドラッカー選書訳〕、二一ページ）と述べています。

そしてその意味を、次のように述べています。

「もちろん経済学者は、企業家が経済発展に大きな影響を与える重要な存在であることを知っていた。しかし彼らにとって、企業家はあくまでも経済の外性変数だった。経済に重大な影響を与え、経済を左右する存在ではあっても、経済を構成する要素ではなかった。」（同上邦訳、二一ページ）

こうして、ドラッカーもいうように、シュンペーターはイノベーションとそれを担う企業家を

経済発展の重要な内性変数（外性変数ではなく）の一つとして認識した最初の経済学者でした。

しかし、シュンペーターは、あくまでも経済発展におけるイノベーションと企業家の役割を後世の私たちに認識させたに止まり、イノベーションそのものにかかわる実践的な知識を体系的に示したわけではありませんでした。その意味では、シュンペーターは重要な「イノベーションの発見者」ではありましたが、「イノベーションの発明者」ではなかったのです。

シュンペーター「五つの場合」で十分か——新しい場合

イノベーションのニーズを考えるに際に、シュンペーターのいった「イノベーションの五つの場合」は今も、イノベーションのニーズを考える際に大切な指標となっています。

ところで、イノベーションの対象となる領域はシュンペーターの挙げた五つで尽くされているのでしょうか。シュンペーターの名著『経済発展の理論』が著されてから一〇〇年を超えました（同書刊行は一九一二年）。イノベーションの対象領域も新しい展開がないかどうか、検討が必要のように思われます。

近年新しいイノベーションの形をみて気が付くことは、特定の財貨やサービス方法といった、シュンペーターの挙げたような個々の要素のイノベーションとは別に、それらの要素が組み合わされ、システム化された一つの「仕組み」がイノベーションの対象として浮上してきているのに気づきます。

古典的な代表事例を挙げますと、一九二〇年代にGMが採用した競争戦略、「フルライン」と呼ばれる製品政策があります。GMはこのころシボレー、ポンティアック、オールズ、ビュイック、キャデラックといった銘柄の車種を顧客の所得水準に見合う価格帯にラインナップし、所得の上昇とともに上級グレードの車種に購入意欲を誘導するという製品政策をとり、大成功を収めました。これによってフォードT型一車種しか擁していなかったフォードの覇権を一気に覆しました。これは何か新しい車種の開発ということではなく、車種のラインアップという製品政策の革新、イノベーションによって競争に勝利した例です。第二次大戦後、この「フルライン」政策は世界の自動車各社のビジネスモデルとして一般化しました。

一九七〇年代以降急速に普及したコンビニエンスストアも単なる販売方法のイノベーションであることを超えて、二四時間営業や商品のネットワークを使った補充方式など、顧客へのアクセス方式総体の変革であり、一つのビジネスモデルとしてのイノベーションでした。

近年では個々の戦略要素をシステム化した、このようなビジネスモデル・レベルでのイノベーションが広がりを見せることになりました。

このようなビジネスモデル・レベルのイノベーションは、シュンペーターの五つの場合とは異質の強力な競争力を持つことが特徴です。五つの場合の個々のイノベーションに比べて、いったん導入されますと追随が容易ではないからです。

『断絶の時代』『マネジメント』におけるイノベーションへの言及

『現代の経営』以後、ドラッカーは引き続く自著、一九六四年の『創造する経営者』、一九六五年『経営者の条件』などの中で、繰り返しイノベーションの役割について論じました。また社会的にも一九六〇年代以降、企業戦略、競争戦略を説く夥しい経営書はいずれも多かれ少なかれイノベーションの役割を説かないものはありませんでした。

そのような中で、ドラッカーは、自身の著作、一九六九年の『断絶の時代』、一九七四年の著作『マネジメント』において繰り返しイノベーションの意義を説きました。その際、ドラッカーの認識の背景にあったのは、一九世紀以来の企業活動の大きなトレンドの中での一九六〇〜七〇年代の歴史的な意味でした。この点は『断絶の時代』の第三章「方法論としての企業家精神」で次のように要約されています。

「第一次世界大戦前の五〇年は発明の時代とされている。それは企業家の時代といってよかった。当時の発明家は自らの発明を自らの事業に発展させた。今日の大企業の基礎がこうして築かれた。」「ところが第一次大戦後の五〇年は、マネジメントの能力のほうが、企業家としての能力よりも意味をもつようになった。」「今日、ふたたび企業家精神を強調すべき時代に入った。……

今日必要とされているものは、過去半世紀に培ったマネジメント能力の基礎の上に、企業家精神の新しい構造をつくる能力である。」（Drucker, 1985：邦訳、二八〜二九ページ）

『断絶の時代』では、さらに具体的に「イノベーションのための組織」をつくることの重要性に言及し、次のような、いくつかの留意点を述べています。

「企業家たるものは、イノベーションのための組織をつくりマネジメントしなければならない。新しいものを予測し、ビジョンを技術と製品プロセスに転換し、かつ新しいものを受け入れることのできる人間集団をつくり、マネジメントしなければならない。」

「イノベーションのための組織は既存の事業のための組織とは切り離しておかなければならない。」

「イノベーションのためには、トップの役割も変わらなければならない。」

「イノベーションのための組織が行ってはならないことは、目標を低く設定することである。」

「イノベーションにおいて最も重要なことは、成功すれば新事業が生まれるかどうかを考えることである。これは、既存事業において長期計画や資源配分を検討する際の問題意識とはまったく異なる。後者においてはリスクを最小にしようとし、前者においては成果を最大にしようとする。」（以上、Drucker, 1985：邦訳、四三〜四七ページ）

さらに『マネジメント』では、最終章（第六一章）が「イノベーションのマネジメント」と題されています。ここではそれまでのドラッカーの言及と同様に、一般にマネジメントに関する文献でイノベーションの必要に言及していないものはないが、イノベーションを促進し、成果をあげるためのマネジメントやそのための組織がいかにあるべきか、何をなすべきかに言及したものはないと述べています。そして、ここでは、イノベーションを行う組織にみられるいくつかの共通する特徴があるとして、以下のような六つの点をあげています。

(1)イノベーションの意味を知っている
(2)イノベーションの力学というものの存在に気づいている
(3)イノベーションの戦略を知っている
(4)管理的な目標や基準とは別に、イノベーションのための目標と基準をもっている
(5)マネジメント、とくにトップマネジメントの果たす役割と姿勢が違う
(6)イノベーションのための活動を、日常のマネジメントのための活動から独立させて組織している(Drucker, 1974：邦訳下、二七三ページ)

こうして、ドラッカーは『現代の経営』以後、自身の著作の中で、企業だけではなく現代の組織におけるイノベーションの必要を説き、それを推進するためには独自のマネジメントと組織は

必要であることを繰り返し言及してきました。

しかし、それらはいずれもイノベーションの実践についての体系的な指針となるものには至っていませんでした。その意味では、それはまだ、ドラッカー自身においてイノベーションの重要性の確認、「イノベーションの発見」に止まっていました。

『イノベーションと企業家精神』による「イノベーションの発明」

『断絶の時代』『マネジメント』を経て、いよいよ本格的なイノベーションの体系への挑戦、「イノベーションの発明」が求められていることを、ドラッカー自身、強く意識するようになっていきました。『マネジメント』の最終章「イノベーションのマネジメント」を締め括る次の文言は、そのことを物語るように思われます。

「あらゆる兆しから見て、来るべき時代はイノベーションの時代、すなわち技術、社会、経済、制度が急速に変化する時代である。したがって、イノベーションを行う組織こそが、これからの時代において主役となる。」（Drucker, 1974：邦訳下、二九六ページ）

一九八五年に刊行された『イノベーションと企業家精神』は、このような、「これからの時代において主役となる」イノベーションを行う組織のための実践的な指針となるべきものであり、まさに「イノベーションの発明」でした。ドラッカー自身、同書の「まえがき」で、「本書はイノベーションと企業家精神を生み出すための原理と方法を示している」、「本書は、イノベーションと企業家精神の全貌を体系的に論じた最初のものである」と述べています。『現代の経営』が「マネジメントの発明」を果たしたモニュメントであったとすれば、『イノベーションと企業家精神』はさらに「イノベーションの発明」を果たした記念すべきモニュメントであったのです。

3.『イノベーションと企業家精神』の体系

それでは、ドラッカーが発明した「イノベーションの体系」はどのようなものでしょうか。ドラッカーは「イノベーションと企業家精神」を、以下の三つの「側面」から説明しています。

第一.「イノベーションの方法」(第Ⅰ部)
第二.「企業家精神」(第Ⅱ部)
第三.「企業家戦略」(第Ⅲ部)

「イノベーションの方法」

第一の「イノベーションの方法」の部分では、イノベーションが目的意識的に行う一つの体系的な営みであることを前提して、イノベーションの機会をどこで、いかにして見出すべきかをあきらかにしています。その際、特徴をなしているのは、周知の、「イノベーションのための七つの機会」というイノベーションの実践論、方法論です。「イノベーションのための七つの機会」とは、以下の七つの機会です。

第一の機会：「予期せぬ成功と失敗を利用する」
第二の機会：「ギャップを探す」
第三の機会：「ニーズを見つける」
第四の機会：「産業構造の変化を知る」
第五の機会：「人口構造の変化に着目する」
第六の機会：「認識の変化をとらえる」
第七の機会：「新しい知識を活用する」

ドラッカーは七つの機会のこの「順番」を重視しています。ドラッカーはこれら七つの機会は

「信頼性と確実性の大きい順に」並べてあると述べています（Drucker, 1985：邦訳、一六ページ）。

したがって、ドラッカーがとくに重視したのは、第一の「予期せぬ成功と失敗を利用する」ということです。ドラッカーは、「予期せぬ成功」を論じた第三章の冒頭で、「予期せぬ成功ほど、イノベーションの機会となるものはない。これほどリスクが小さく苦労の少ないイノベーションはない。しかるに予期せぬ成功はほとんど無視される。困ったことには存在さえ否定される」といっています。さらにドラッカーは、「このように、予期せぬ成功はイノベーションのための機会であるだけではない。それはまさにイノベーションに対する要求でもある」（Drucker, 1985：邦訳、二六ページ）とも述べています。

※「イノベーションのための七つの機会」については、後の本書Ⅱで詳論しています。

「企業家精神」

「企業家精神」の部分では、イノベーションの担い手となる組織に焦点をあてています。ここでは、具体的に独自性の高い三種の組織、既存の企業、公的機関、ベンチャー・ビジネスのそれぞれにおける企業家精神発揮のあり方が論じられています。

この部分で特徴をなしているのは、第一四章で論じられている「公的機関における企業家精神」です。ドラッカーは、これまで注目されることの少なかった公的機関におけるイノベーションの必要とその難しさをとくに強調して、次のように述べています。

「公的機関も、企業と同じように企業家としてイノベーションを行わなければならない。むしろ企業以上に企業家的であることが必要である。」

「しかし公的機関がイノベーションを行うことは最も官僚的な企業と比べてさえはるかに難しい。既存の事業が企業の場合よりもさらに大きな障害となる。」（Drucker, 1985：邦訳、二〇七ページ）

その上でドラッカーは、公的機関がイノベーションを行ううえで必要とされる企業家精神を、次の四点にまとめています。（Drucker, 1985：邦訳、二一四〜二一七ページ）

第一に、公的機関は明確な目的をもたなければならない。

第二に、公的機関は実現可能な目標をもたなければならない。

第三に、公的機関は、いつになっても目標を達成することができなければ、目標そのものが間違っていたか、あるいは少なくとも目標の定義の仕方が間違っていた可能性があることを認めなければならない。公的機関といえども、目標は、大義だけではなく費用対効果に関わるものとしてとらえなければならない。

第四に、公的機関は、機会の追求を自らの活動に組み込んでおかなければならない。変化を脅威としてではなく機会としてみなければならない。

「企業家戦略」

「企業家戦略」の部分では、現実の市場において、いかにイノベーションを成功させるか、その企業家戦略に焦点があてられています。

企業家精神を発揮するには、前項で紹介したような組織内部に関わる原理と方法が必要ですが、これと合わせて、組織の外部、市場に関わるいくつかの原理と方法が必要です。これが「企業家戦略」といわれるものです。

その上で、ドラッカーは企業家戦略として、「総力戦略」、「ゲリラ戦略」、「ニッチ戦略」、「顧客創造戦略」という、四つの戦略をあげています。（以上、Drucker, 1985：邦訳、二四八ページ）

4．シュンペーターとドラッカーの「結合」

こうしてイノベーションを志す人々が誰でも使えるイノベーションの「道具」としてドラッカーが提示したのが『イノベーションと企業家精神』でした。その象徴となっているのが「イノベーションのための七つの機会」といわれるものです。

ここで生ずる一つの問題は、これら「七つの機会」と、先に紹介したシュンペーターのいうイノベーションの「五つの場合」との関係です。

これら「五つの場合」と「七つの機会」は、これまでシュンペーターとドラッカーのイノベーション論を象徴するものとして、両者のイノベーション論が話題となる度毎に言及されてきました。しかしそれらは、それぞれ独立に論じられることはあっても、それらの関係が論じられることはありませんでした。

もとより、それらはいずれも、私たちがイノベーションの実践を考える際にそれぞれ重要な指標となってきたものでした。しかし、それらの間にどのような関係を読み取ることができるでしょうか。

ここでは両者のイノベーション論を目的意識的な実践に役立てるという観点から、「五つの場合」と「七つの機会」についてそれらの事柄の性格をもう少し立ち入ってみることが必要です。

イノベーションの対象領域としてのシュンペーターの「五つの場合」

まずシュンペーターの「五つの場合」についてみると、結論的にいえばそれらはイノベーションの対象となる領域を見事に整理していることです。イノベーションは通俗的な理解のように、なにか革新的な技術の導入ということではなく、具体的に、①新しい財貨、②新しい生産方法、

③新しい販路、④原料あるいは半製品の新しい供給源、⑤新しい組織、といった経済活動の多面にわたっており、それらが経済活動の活力の原動力になっていることをシュンペーターは認識させてくれました。

その意味で、シュンペーターの「五つの場合」はイノベーションの「対象領域」を具体的に示しているということができます。

これらシュンペーターによるイノベーションの「五つの場合」が私たちに示した画期的な意義は、イノベーションというものが単に革新的な「技術」の採用といったことではなく、革新的な技術を含めて社会が有している有形、無形、ハード、ソフトの資源の結合を改めることによって、これまでなかった新しい社会的価値を生み出すことがイノベーションであることを示したことでした。まさにそれは「資源の新たな組合せ」の結果であり、イノベーションをシュンペーターは最初「新結合」といったのはそのことを表現していました。

イノベーションの方法としてのドラッカーの「七つの機会」

一方、ドラッカーが示したイノベーションの「七つの機会」は何を意味しているでしょうか。それはすでに『イノベーションと企業家精神』が示しているように、シュンペーターの「五つの場合」との対照でいえば、イノベーションの文字どおり「方法」を示しています。ここには、イノベーションを具体的に、目的意識的に進めるための方法が、七つの機会として示されています。

シュンペーターがイノベーションを革新的な技術の採用といった通俗的な認識を超えて、「五つの場合」という具体的な対象領域で示したように、ドラッカーはイノベーションの方法を「七つの機会」として具体的に掲げました。ここで注目されるのは、「アイデアによるイノベーション」を目的意識的に追求する方法としては「そもそもアイデアなるものがあまりに曖昧である」として、「七つの機会」から外したことです。このことについて、ドラッカーは次のように説明しています。

「アイデアはイノベーションの機会としてはリスクが大きい。成功する確率は最も小さく、失敗する確率は最も大きい。」（一五一ページ）

社会通俗的にいえば、イノベーションといえば新技術というイメージと並んで、「新しいアイデア」という漠然としたイメージが付きまとっている。しかしドラッカーは、イノベーションを目的意識的な行為として進めるために、イノベーションの具体的な契機となる機会を分析整理し、リスクの低い、確実性の高いと考えられるもの順に「七つの機会」を抽出しました。ドラッカーは「七つの機会」の「順番」を重視し、それらは「信頼性と確実性の大きい順に」並べてあると述べています（Drucker,1985：邦訳、一六ページ）。したがって、ドラッカーがとくに重視したのは、第一の「予期せぬ成功と失敗を利用する」ということでした。

他方ドラッカーは、「アイデアによるイノベーション」を確実性の低いものとして、「七つの機会」からは外しました。

こうしてドラッカーは、シュンペーターが「五つの場合」を示すことによってイノベーションの形にまつわる革新的技術という社会通念を払拭したように、ドラッカーはイノベーションの方法にまつわる社会通念を払拭しようとしたように思われます。

※　なおこの「アイデアによるイノベーション」についてのドラッカーの評価と筆者の理解については、追って本書Ⅳで紹介します。

ドラッカーは、イノベーション論についての先駆としてシュンペーターの『経済発展の理論』を高く評価していました。その上ドラッカーは父親グスタフを通してシュンペーターとは個人的にも親しい関係にあり、敬愛する先輩でした。ドラッカーは自らのイノベーションの方法を具体的に提示する際にそれを具体的に「七つの機会」として提示したのには、シュンペーターがイノベーションの経済活動における役割を一般的にではなく、具体的に「五つの場合」として示したことが念頭にあったのかもしれません。

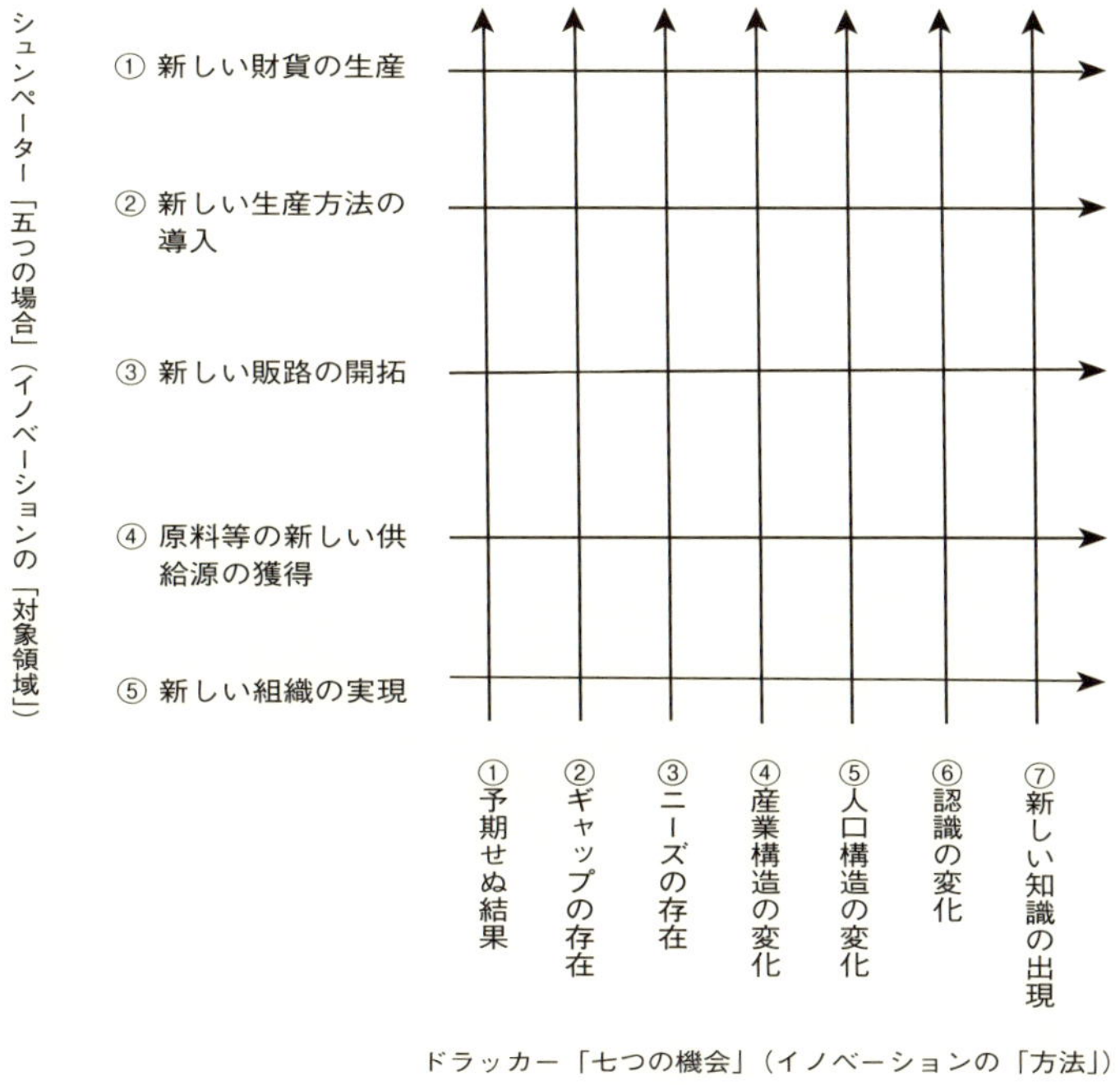

イノベーション：シュンペーター「５つの場合」ドラッカー「７つの機会」の結合

「五つの場合」と「七つの機会」の結合

こうしてシュンペーターの「五つの場合」とドラッカーの「七つの機会」の性格を整理すると、これらがどのような関係にあるかは、自ずからあきらかでしょう。

イノベーションの目的意識的な実践を一つのマトリックスで示すとすれば、シュンペーターの「五つの場合」とドラッカーの「七つの機会」はその二つの座標軸を構成している。具体的にそれらは、イノベーションの「対象軸」と「方法軸」という二つ座標軸をなしているということです。

これを図示すれば、前ページの図のようになります。

これによれば、たとえばシュンペーターの「五つの場合」の一つ、新しい財貨（製品、サービス）のイノベーションについて考える際、その方法として「七つの機会」が検討されなければならないということです。あるいは、七つの可能性があるということです。

こうしてシュンペーターの「五つの場合」のそれぞれについて、ドラッカーのいう「七つの機会」の可能性があるということであり、その可能性が検討対象になるということです。

これによって、いつ、誰にとっても今挑戦しようとしているイノベーションのポジションが、対象軸と方法軸の両面から明確に確認されることになります。

5. 「イノベーションの発明」の背景

『イノベーションと企業家精神』が求められた背景――「断絶の時代」の到来

それでは、ドラッカーが『イノベーションと企業家精神』を著し、「イノベーションの発明」に至らせた社会的背景はどのようなものであったのでしょうか。どのような社会的背景がドラッカーをして「イノベーションの発明」に至らせたのでしょうか。

その点で決定的な役割を果たしたのは、一九六九年、『断絶の時代』の刊行であったと思われます。

一九五四年の『現代の経営』刊行以来、ドラッカーにとってイノベーションはマーケッティングと並んで、マネジメントの二大支柱の一つとして、重要な課題でした。マネジメントにおけるその重要性は十分自覚されていました。しかし『断絶の時代』に至るまでは、イノベーションを目的意識的に追求するための、いわば道具としてのイノベーションの原理と方法に関する「イノベーションの体系」はまだ明確に提示されていませんでした。イノベーションはその重要性は十分に「発見」されていたが、「発明」されてはいませんでした。

そのような状況の中で、「イノベーションの発明」の必要をはっきり意識させたのは、『断絶の時代』の刊行であったと思われます。前段で引用したドラッカーの言葉は、まさしくその表明でした。

ドラッカーは、『断絶の時代』で、表題どおり、「断絶の時代」の到来を説き、新しい時代の到来への発想の転換の必要を訴えました。そしてこの「断絶の時代」を新たな発展の機会にすることができると確信しました。

それでは、いかにして「断絶の時代」を新たな「発展の時代」とすることができるか。そこで浮上するのがイノベーションの役割です。「断絶の時代」はイノベーションの結果であると同時に、新たなイノベーションの絶好の機会を準備します。

このイノベーションを、いかにして目的意識的に実現することができるか。その原理と方法はいかなるものか。いまやこのような「イノベーションの体系」の開発が、新しい「断絶の時代」に求められることになりました。これが、ドラッカーの描いた「イノベーションの発明」の筋書きであったのではないか。そのように思われます。

したがって、ドラッカーにとっては、「断絶の時代」と「イノベーション」とは一体のものであり、著作『断絶の時代』と『イノベーションと企業家精神』はワンセットの作品であったように思われます。

『断絶の時代』と「イノベーションの発明」

それでは、『断絶の時代』はどのような時代の「断絶」を説いたのでしょうか。

ドラッカーが説いたのは、以下の四つの分野での断絶でした。（以下、『断絶の時代』の「はじめに」による。）

（1）新技術、新産業が生まれる。同時に今日の重要産業や中心事業が陳腐化する。

(2) 世界経済が変わる。すでに世界経済は、グローバル経済になっている。世界は一つの市場となり、グローバルなショッピングセンターとなる。
(3) 社会と政治が変わる。それらは、いずれも多元化する。
(4) 知識の性格が変わる。すでに知識が、中心的な資本、費用、資源となった。

ドラッカーはこれらの時代の「断絶」を、
①「企業家の時代」
②「グローバル化の時代」
③「組織社会の時代」
④「知識の時代」
の到来と要約しました。

これらの中でも、ドラッカーが「最も重要なこと」としたのは、「知識の性格の変化」でした。ドラッカーは、「経済は、財の経済から知識の経済へと移行した」、「知識の生産性が経済の生産性、競争力、経済発展の鍵となった」といっています (Drucker, 1969：邦訳、二七二、二七三ページ)。したがって、社会を支える労働のあり方も大きく変わりつつある。具体的に、「経済の基礎は肉体労働から知識労働へと移行し、社会的支出の中心も財から知識へと移行した。」(同上邦訳、二九四ページ）その結果、「これからは、学校教育の延長と継続教育の発展との調和が、教育の内容と構造に関わる中心的な課題となる」（同上邦訳、三二〇ページ）といっています。

ドラッカーは、こうして「断絶の時代」の到来を説き、新しい時代の到来への発想の転換の必要を訴えました。また、この「断絶の時代」を新たな発展の機会にすることができるし、しなければならないと確信していました。そして、このような新しい「断絶の時代」に備える最大の武器がイノベーションであり、このイノベーションを志す人々だれでもがそれを目的意識的に追求できる「道具」を体系的に示そうとしました。それが一九八五年の著書『イノベーションと企業家精神』であり、「イノベーションの発明」であったのです。

※ 本章は、「イノベーションの新展開」を統一テーマとした、ドラッカー学会第五回大会（二〇一〇年一一月一四日）の基調講演にもとづいています。この講演は、最初『文明とイノベーション』ドラッカー学会年報Vol.5, 2011 掲載、「P.F. ドラッカーによるイノベーションの発明――『イノベーションと企業家精神』（一九八五年）の歴史的意義」としてまとめられました。本書はこれを改稿したものです。

II．イノベーションの方法

——「イノベーションのための七つの機会」

はじめに――「イノベーションのための七つの機会」について

『イノベーションと企業家精神』の冒頭第 1 部は「イノベーションの方法」とされています。この部分では、イノベーションは目的意識的に行う一つの体系的な営みであることを確認し、イノベーションの機会をどこで、いかにして見出すべきかをあきらかにしています。

ここでは具体的に、イノベーションの方法として「イノベーションのための七つの機会」というものが紹介されています。

※「イノベーションのための七つの機会」は、『イノベーションと企業家精神』第三章から第九章で展開されています。「七つの機会」の具体的なラインナップは、本書I、二三ページを参照。

『イノベーションと企業家精神』が刊行されて三〇年になります。この「イノベーションのための七つの機会」は同書のシンボルのような位置を占めているところがありますが、それらの位置や意味づけについてあれこれ論議することは、これまであまり行われてきていないように思います。しかしこれら「七つの機会」を実際にイノベーションの道具としてより実践的なものにしようとすれば、それらの位置づけや相互関係をもう少し立ち入って吟味してみることも必要なのではないか考えます。そしてなによりも、それらについての具体的な事例の認識を共有し、蓄積していくことが求められているのではないかと思われます。

「七つの機会」については、ドラッカー自身の二つの大切な注釈があります。第一は、最初の四つとあとの三つの性格の違いです。最初の四つは、企業や公的機関の組織の内部、あるいは産業内部や社会的部門の内部の事象である。他方あとの三つは企業や産業の外部の事象である、とドラッカーはいっています。しかし「七つの機会」はそれぞれ異なる性格をもち、異なる分析を必要とする。何れが重要であり生産的であるかはわからない」と述べています（Drucker, 1985：邦訳、一六ページ）。

第二の注釈は、「ただしこれら七つの機会の順番には意味がある。信頼性と確実性の大きい順に並べてある」と述べられていることです。そして、「一般的に信じられていることとは逆に、発明発見、特に科学上の新知識は、イノベーションの機会として信頼性が高いわけでも成功の確率が大きいわけでもない。新知識に基づくイノベーションは目立ち重要であっても、信頼性は低く成果は予測しがたい」といっています。（同上邦訳、一六ページ）

以上はドラッカー自身の、「七つの機会」の性格付けですが、いま改めてこの「七つの機会」を分析してみると、イノベーションの方法を具体的に考えるうえで新しいことが分かります。

結論的にいいますと、これら「七つの機会」は、その着目点から大きく三つのケースに分けられるということです。

第一は、現在進行している事態や、現状そのものの中にイノベーションの機会を発見するケースです。この中で特異なのは「予期せぬ成功と失敗を利用する」というケースです。ドラッカーもいうように、このケースは、イノベーションに値することが「すでに起こっている」ものです。問題は、これを認知できるかどうかということにかかっています。このケースについては、ドラッカーの認識論との関連でのちに再論します。

第二は、変化し、変動する状況の中にイノベーションの機会を見出すケースです。経営者の方々の経験談、回顧談のなかで「危機はチャンス」という言葉によく出会います。これは典型的にこのような状況を表しているのではないかと思います。社会環境にしてもそれらが変化するとき、新しいニーズが発生します。それは典型的なイノベーションの機会となります。

第三は、新しい知識やアイデアを活用してこれまでに存在しなかった(顕在化していなかった)ニーズを作り出し、イノベーションの機会とすることです。これは結果が得られますと、社会的にも注目され、イノベーションの華となります。しかしドラッカーもいうように、「一般的に信じられていることとは逆に、発明発見、特に科学上の新知識は、イノベーションの機会として信頼性が高いわけでも成功の確率が大きいわけでもない」わけです。

1.「予期せぬ成功と失敗を利用する」

ドラッカーのイノベーション論というときまず驚かされるのは、その方法の冒頭に出てくるのが「予期せぬ成功と失敗を利用する」という指摘です。

ドラッカーは、イノベーションの第一の機会を論ずる第三章の冒頭で、「予期せぬ成功ほど、イノベーションの機会となるものはない。これほどリスクが小さく苦労の少ないイノベーションはない。しかるに予期せぬ成功はほとんど無視される。困ったことには存在さえ否定される」といっています。

さらにドラッカーは、「このように、予期せぬ成功はイノベーションのための機会であるだけではない。それはまさにイノベーションに対する要求でもある」（同上邦訳、二六ページ）と指摘しています。

ドラッカーはこうして、イノベーションの「信頼性と確実性」の観点から「予期せぬ成功と失敗を利用する」ということを第一に重視したことがわかります。

確かに「信頼性と確実性」という観点から「予期せぬ成功と失敗を利用する」ということが第一に置かれたことは理解できることです。しかし同時に、社会生態学者を自称したドラッカーの目から見た「予期せぬ成功と失敗を利用する」という営みの社会的価値はそれに尽きるものではない深さがあります。「信頼性と確実性」の観点からということを超えた、より深いドラッカーの社会現象理解がそこに潜んでいるのではないかと私は思います。

経済現象における「すでに起こった未来」を認識する

イノベーションといえば、誰も、綿密に意図され、計画されたものを、計画通り実現していく「意図された成功」が当然のこととして目指されるものと考えてきました。

しかしドラッカーは、むしろ「予期せぬ成功」こそが機会であるといいます。そしてこれを見逃すな、というわけです。

結論的にいえば、これこそドラッカーの、イノベーションについての「発想転換」であるということができます。

他方、「予期せぬ失敗」もまた、大切なイノベーションの機会となります。またこれも、イノベーションに対する要求であるわけです。

失敗は成功と違って、普通の人であれば、誰でも気づく。しかし、気づいても、誰もこれがイノベーションの機会となるとは思いません。

しかし、「予期せぬ失敗」は、重要なイノベーションの機会となります。ドラッカーはいいます。

「予期せぬ成功とは異なり、予期せぬ失敗は取り上げることを拒否されたり気づかれずにいることはない。しかしそれが機会の兆候と受けとめられることはほとんどない。予期せぬ失敗の多くは、単に計画や実施の段階における過失、貪欲、愚鈍、雷同、無能の結果である。だが慎重に計画し、設計し、実施したものが失敗したときには、失敗そのものが変化とともに機会の存在を教える。製品やサービスの設計、マーケティングの前提となっていたものが、もはや現実と乖離するにいたっているのかもしれない。顧客の価値観や認識が変わっているのかもしれない。……それらの変化はすべてイノベーションの機会である。」（同上邦訳、三二ページ）

こうして、「予期せぬ失敗」もまた、あるいは「予期せぬ成功」以上に重要なイノベーションの機会を提供するものなのです。

さらにドラッカーは、「予期せぬ成功や失敗」については、自分の直接関わってきた事業や製品にだけ目を向けていてはいけないと警鐘を鳴らしています。自分の事業や製品の外部の事象における「予期せぬ成功や失敗」がイノベーションの機会としてより重要であることが多いと述べています。

「これまで予期せぬ成功や失敗は、企業や産業の内部で起こるものとして論じてきた。しかし外部の事象、すなわちマネジメントが今日手にしている情報や数字には表れない事象も、同じように重要な意味をもつ。事実それらの事象は企業や産業内部の事象よりも重要であることが多い。」（同上邦訳、四〇〜四一ページ）

ドラッカーが社会を見る目として、処女作『経済人の終わり』『産業人の未来』以来、生涯を通して一貫していたのは「すでに起こった未来」を知覚するという姿勢でした。それは「社会生態学者」を自称したドラッカーの基本視点でもありました。ドラッカーがイノベーションの機会を考えるに際して、こうして「予期せぬ成功や失敗」を何よりも重視したことは一見奇をてらったことのように見えるかも知れません。しかし、「社会生態学者」を自称して「すでに起こった未来」を知覚することの重要さを一生貫いたドラッカーからすれば、これは経済現象、産業現象におけるイノベーションを見る当然の目であったのでしょう。

私の経験1

以下同様ですが、イノベーションの七つの機会のそれぞれについて、一般的な説明ではなく、私自身の大学づくりに関わる経験を付言します。

「予期せぬ成功と失敗を利用する」という点については、APU開設に関わる経験を紹介します。APU開設準備の最大の難関は、これまで日本の大学では経験のなかった毎年四〇〇名の留学生（国際学生）を受け入れるということでした。APU計画が取り組まれ始めたのは一九九〇年代半ばのことでしたが、一九八〇年代前半に中曽根政権が掲げた留学生一〇万人受け入れ計画にも関わらず未だ五万人台で低迷していた時代。しかも一九九七年からはアジア通貨危機に襲われ、アジアからの留学生の受け入れによる日本の新大学創設などは当分見通せないのではないかという雰囲気が漂っていました。このような時期に、もともと国際化の進んでいない日本でこのような大学創設を考える無謀さをなじる声もあちこちから耳に入ってくる状況でした。

そのような中で私たちも必死の思いでアジア諸地域の留学生の状況を調査して回りました。

そこで私たちが目にしたことは、そのようなアジアの経済状況が悪い中でも、アジアからアメリカ合衆国やカナダ、オーストラリア、ヨーロッパには依然として留学生が流出しているという現実でした。またこれらの国々の有力大学が様々な形でアジアの有力大学と手を組み、アジアからの留学生受け入れに熱心に動いているということでした。アジアからの留学生受け入れの経験に乏しい日本の大学がそのような世界の競争の現実を知らないだけのことでした。

これは私たちにとって、「予期せぬ状況認識」でした。状況をかなり悲観的に見ていた中での、思わざる認識転換でした。

そのような状況を知ったとき、私たちは一般的な経済状況の観察だけから、ことを判断しようとしていることの空しさを知りました。ここで、私たちの主体的な努力によって活路が開ける可能性を感じ取り、海外の高等学校や教育機関に積極的に留学生派遣を直接働きかける行動に取り組むことになっていきます。

2.「ギャップを探す」

ドラッカーは、「ギャップとは、現実にあるものと、あるべきものとの乖離、あるいは誰もがそうあるべきものとしているものとの乖離であり、不一致である」と述べ、「原因はわからないことがある。だがそれにもかかわらずギャップの存在はイノベーションの機会を示す兆候である。……イノベーションへの招待である」（同上邦訳、四五ページ）と述べています。

ドラッカーはそのようなギャップとして、①業績ギャップ、②認識ギャップ、③価値観ギャップ、④プロセス・ギャップの、四つのギャップを上げています。

このようなギャップは、一つの産業、市場、プロセスの内部に存在するものであり、その内部や周辺にいるものには、眼前の事象であり、はっきり認識することのできるものです。しかし、あまりに日常に近いところの事象であり、内部の者にはそれを当然のこととして受け止めてしまい、見逃してしまいやすいという問題があります。

ただそれは、内部にいるものだけが理解できるものだけに、この機会をイノベーションの機会として利用できるのはその世界の中にいるものだけだという限界があります。

私の経験2

これは私が本務校立命館大学で、一九八〇年代後半に教学部長として入試改革に取り組んだ際に経験したことです。

当時立命館大学の入試政策はそれまでの大学入試の枠を破る改革として話題を呼びました。入試改革花盛りの今ではそれほど珍しいものではありませんが、推薦入試に始まり、スポーツ能力や文化芸術能力を重視する特別選抜入試、数学や英語などの能力を重視する多様化入試、全国各地で試験場を展開する入試など、様々な入試方式を展開しました。これは形を変えて今日も引き継がれています。

それまで私立大学の入試といえば三科目(国語、英語と、社会ないし理科のうちの一科目)による入試が常識でしたが、一九八〇年代後半から立命館大学ではそれを基本としつつも、多様な形式の入試を採用したことで社会的な話題を呼びました。いまは国公立大学も負けじと多様化を図るようになりましたが、このような入試方式の多様化は、当時は大学というものの品位を汚すかのように揶揄する向きもありました。しかし今はまったく状況が変わりました。

ところで、一九八〇年代という早い時期に立命館大学がこのような入試改革に取り組むようになったのは、あるギャップを意識したことが切っ掛けでした。

立命館大学の志願者は一九七〇年代末には八万名を超える規模でしたが、一九八〇年代に入るころから減少に転じ、一九八五年には四万五、〇〇〇名位にまで下がっていました。八〇年代に入るころはこの動向を軽視し、入試難化の反動くらいに軽く考えていました。しかしこのような傾向が続く中で、志願者数が大学の社会的評価の反映であることに気づくことになりました。大学が様々な改革を進めている（つもりな）のに、それがちゃんと社会に伝達され、支持されていないのではないかという不安が広がりました。

そのような中で、大学の改革された実態や特徴を明確に反映した入試政策をとる必要があるのではないか、また大学として求める人材を集める入試を明確に打ち出す必要があるのではないか、という結論に達しました。またこのような大学の意図を社会にアピールするための広報をもっと積極的に進める必要があるのではないかと考えました。このために大学が独自の広報部局を作り、積極的に広報戦略を進めたのは、多分私たち立命館が最初だったのではないかと思います。大学はこうして内部の努力と実績のギャップを埋めるための様々の具体的な改革を打ち出しました。これが一九八〇年代後半以降の、社会的話題を呼んだ立命館大学の入試改革の背景でした。

これに対しては「大学は企業ではない」とのささやきもありました。当初周辺の目は冷たいものがありましたが、今日では国立、公立も含めて、そのような多様化した入試は普通のこととなりました。今では笑うような話ですが、当時はまだそのような時代でした。

3.「ニーズを見つける」

「必要は発明の母」という言葉があります。「ニーズ」こそがイノベーションの機会であるということは古くからいい習わされてきたことです。「ニーズを見つける」ことはイノベーションの最も正当なアプローチであるといってもいいかもしれません。

イノベーションの機会としてのニーズにはプロセス・ニーズと労働力ニーズがもっとも一般的です。しかしより大きなリスクを伴っているが、非常にしばしば重要な意味を持つニーズは知識ニーズである、とドラッカーは指摘しています。

ドラッカーはまた、ニーズにもとづくイノベーション、特にプロセス・ニーズにもとづくイノベーションが成功する前提として、五つのことを挙げています。

(1)完結したプロセスについてのものであること
(2)欠落した部分や欠陥が一か所だけであること
(3)目的が明確であること
(4)目的達成に必要なものが明確であること
(5)「もっとよい方法があるはず」との認識が浸透していること、つまり受け入れ態勢が整っ

ていること（以上、同上邦訳、六八〜六九ページ）

私の経験3

大学が社会から求められている最大のニーズは人材育成です。もとより社会が求める人材育成のニーズのすべての領域に大学が応えられるわけではありません。しかし、今日の大学はこれまでの時代よりもはるかに多様な人材育成のニーズに直面しています。

このような状況に対応するために、今日の大学は、とくに学部レベルではいくつかのことを心得ておくことが必要なようです。

第一は専門別に縦割りに組まれた学部教育の制約を十分心得ておくこと。

第二はどのような大規模な組織を持った大学でも学生に提供できる専門知識の幅には限界があるということ。

第一の点についていえば、戦後改革によって採用された日本の大学カリキュラムはアメリカ合衆国に倣って導入されたといわれるにしては大学入学の早い段階から学部単位、学科単位の専門教育への貼り付けが著しく、将来の多様な専門への柔軟な能力開発に大きな制約になっているようにみえます。そのような中でも若い人材は、実際にはそのような制約を超えて、学部教育の専門とは離れた、多様な分野へはばたき、有為の人材として育っていっています。このような状況を見ておりますと、学部では有為な社会人として育つための基盤となる文理両面の能力育成、いわゆるリベラル・アーツの教育をもっと徹底すべきと思われます。

最近は国際化への対応が問われる中でそのことの認識が深まり、いわゆる「国際教養」というものが強調されるようになり始めたことはいいことです。いまの日本の人材ニーズからしますと、少し遅きに失した感はしますが、もっとリベラル・アーツ思考の人材育成を急ぎ、人材配置の点でも、経験豊富な、幅広い教養を身に着けた人材を、学部専門の壁を越えて採用すべきと感じます。

第二の点については、教養教育にしても専門教育にしても、さらに大学間の壁を低くし、求められる教育の機会を融通し共有する工夫が必要と思います。大学間の単位互換や共同学位の制度はそのようなニーズから生まれてきたものです。

多分日本の高等教育の歴史の上で大規模な大学間の単位互換を実現させた最初の例は一九九三年から始まった京都における大学コンソーシアム、「大学コンソーシアム京都」の単位互換制度であったと思います。この大学コンソーシアムには、当初国公立大学は消極的でした。しかし今日では、これには京都市とその周辺の大学・短期大学のほとんどすべて、約五〇の大学・短期大学が参加しています。

また大学の育成する人材ニーズについて欠かせないものに、スポーツ人材や文化芸術・芸能の人材があります。このような特殊な人材育成領域については、それに対応する専門の大学が存在しないわけではありませんが、それはこれまできわめて限られてきました。

しかしこれらの領域の人材育成には、今日では幅広い層の人材を吸収することが不可欠になっています。

このような状況を背景にして、立命館大学では一九八〇年代の後半から、入学制度に、スポーツ能力に優れたものや文化芸術の能力に優れたものを対象とする特別選抜制度を採用し今日に至っています。これによって、それらの特殊な領域の人材を発掘し、育成しようと意図したわけです。

さらに二〇〇七年には映像学部、二〇一〇年にはスポーツ健康学部が設立されました。また二〇一八年には食マネジメント学部という、食に関する社会的課題に相応しいマネジメント人材を育成する学部がスタートしました。

以上のような各種の入試制度や履修制度の開発、さらに新学部・新学科の設立は、大学における新しい人材育成ニーズ開拓の結果であるといえます。

4.「産業構造の変化を知る」

「産業と市場の構造変化はイノベーションの機会である。」しかし産業や市場の構造は非常に安定的に見えるため、内部の人間はそのような状態こそ秩序であり、自然であり永久に続くものと考える。しかし現実には産業や市場の構造は脆弱である。小さな力によって簡単にしかも瞬時に解体する、とドラッカーはいっています。（同上邦訳、七四ページ）

そのときに、その産業に属するものは、昨日までと同じ仕事のやり方をしていたのでは、大きな惨事を免れません。

産業構造の変化は、以下のような状況の時に確実に起こるとドラッカーはいっています。

第一、「最も信頼でき、最も識別しやすい前兆は急速な成長である。」

第二、「産業の規模が二倍に成長する頃とほぼときを同じくして、それまでの市場のとらえ方や市場への対応が不適切になってくる。」

第三、「いくつかの技術が合体した時も産業構造の急激な変化が起る。」

第四、「仕事の仕方が急速に変わるときにも産業構造の変化が起る。」（以上、同上邦訳、八三～八七ページ）

ドラッカーによれば、産業構造の変化をとらえたイノベーションが成功するには一つだけ重要な条件があるといいます。それは「単純でなければならない」ということです。「複雑なものはうまくいかない」といっています。

私の経験4

大学にとっても産業構造の変化は大いにイノベーションの機会です。産業構造の変化は大学に求められる研究課題や人材養成の課題を大きく揺るがしてくるからです。産業構造の変化は、既存の大学の仕組みに陳腐化と更新を迫る最大の要因といっていいでしょう。

その際、最も大切な筋書きは、ドラッカーがいっているように、知識とその探求が「専門分野別」ではなく「応用分野別」に組織されるようになるということです。ドラッカーはいっています。

「(これまで)知識の探求と成果は応用から切り離されていた。研究対象ごとに知識の論理に従って組織されていた。学部、学科科目、学位など、高等教育の全体系が専門別に組織されていた。市場志向ではなく製品志向だった。ようやく今日、知識とその探求が専門分野別ではなく応用分野別に組織されるようになった。学際研究が急速に発展し始めた。……やがて大学も専門分野別ではなく応用分野別に組織される。行政学ではなく中国研究として組織される。もちろん中国研究のためには、行政の知識や政治プロセスの知識が必要である。言い換えればわれわれは、専門分野を道具、材料、専門として必要とする。……そのとき学部や学科、研究、教育、学問の場ではなくなり、管理上の組織となる。」（同上邦訳、三五七〜三五八ページ）

日本では一九九〇年代に入ると、いわゆる「大学設置基準の大綱化」以降、大学設置の規制緩和がすすみ、新学部・新学科の設置や学部・学科の再編成が急速に進み出しましたが、新しく生み出された学部や学科はこれまでの専門分野別の、ディシプリン基本のものはめったになく、圧倒的に多くが、国際、情報、文化、人間などをキーワードとする目的別、応用分野別の組織でした。

こうして一九八〇年代以降の産業構造の変化は、各大学の改革意欲を掻き立てると同時に、知識の再編成、再構築を促進し、知識の体系を応用分野別のものに大きく変えるイノベーションにつながりました。このような傾向は、課題焦点を変えつつ、以後今日に至るまで続いています。

5．「人口構造の変化に着目する」

これまでに登場したイノベーションの機会、予期せぬ成功や失敗、ギャップの存在、ニーズの存在、産業構造の変化などは企業、産業、あるいは「市場の内部」に現れるものです。これに対して、「市場の外部」に現れるイノベーションの機会があります。ドラッカーはさらに、人口構造の変化、認識の変化、新しい知識の出現という三つの機会を提案しています。

そこでまずはじめに、「人口構造の変化に着目するイノベーション」ですが、ドラッカーは、第一に、産業や市場における外部における変化のうち人口構造の変化ほど明白なものはない、いずれも見誤りようがない、二〇年後の労働はすでに生まれていると述べています。人口構造の変化は、いかなる製品が、誰によって、どれだけ購入されるかに対し大きな影響を与えるものです。

このような人口構造の変化が企業家にとって実りあるイノベーションの機会となるのはひとえに既存の企業や公的機関の多くが、それを無視してくれるからである。専門家たちが、自分たちが自明としていることに合致しない人口構造の変化を認めようとせず、あるいは認めることができないという事実が、企業家に対しイノベーションの機会をもたらします。すでに変化は起こっているのにである、とドラッカーは注意を喚起しています。ですから「現場に行き、見て、聞く者にとって、人口構造の変化は信頼性と生産性の高いイノベーションの機会となる」とドラッカーは述べています。(同上邦訳、九四〜一〇一ページ)

私の経験5

今日の日本の大学や学校にとって、人口構造の変化として最大の関心事は「一八歳人口の動態」であることはすでに常識です。大学にとっては進学適齢である一八歳の人口動態は組織の存亡にかかわる重要さをもっているからです。

日本の一八歳人口は、一九九二年代はじめに二〇五万人でピークを迎え（一九九二年）、以降急減をはじめ、二一世紀の今日まで、いまだ回復の見込みはありません。二〇二〇年には一〇〇万人台に落ち込むことは避けられない状況になっています。

このような人口急減を見据えて、すでに一九八〇年代後半から大学では入学制度の改革や教育の質向上に関する試み、魅力ある学校づくりなど、様々なイノベーションが導入されてきました。

私自身、一九八〇年代後半から九〇年代の立命館大学の教学部長時代、副総長時代に、推薦入学制度や特別の能力資質（スポーツや文化芸術などの）を重視した入学制度の採用など、学生選抜システムの多様化の試みを全国の大学に先駆けて導入してきました。

私立大学では国語、英語、社会ないし理科の三科目入試が常識の時代に、このような入試方式の多様化の採用は、試験地の全国化と合わせて、当初志願者集めの手段のようにみられ、批判的な目で見られたこともありました。しかし大学が育成する人材は一様ではなく多様であり、それにふさわしい能力資質の人材を集めることは当然のことであるということで、社会の広い理解を得ることができました。そして二一世紀の今日では、学生選抜方式の多様化のようなことには、試験の公平性などの言い分で批判的、硬直的だった国公立大学も競って参入するようになってきています。

こうして人口構造の変化は、大学入試の在り方に大きなイノベーションをもたらすことになりました。

6.「認識の変化をとらえる」

コップに水が「半分入っている」と「半分空である」は物理的には同じことを表しています。しかし社会的現象ではこれが反対の意味を持つことがあります。ある社会状況の理解について、「半分入っている」から「半分空である」に変わるとき、イノベーションの機会が生まれることがあります。これが、「認識の変化がイノベーションの機会となる」瞬間です。

一つの典型的事例として、近年の健康ビジネスにおけるイノベーションがあります。戦後間もなくに育った私のような世代に比べますと、いまの時代の社会の健康環境、栄養環境は比較にならないほど向上しています。しかし、現在の私たちは健康についての認識は大きく転換し、戦後間もなくの人々に比べてはるかに健康や栄養について敏感になり、健康管理について不足感を強く持っています。このような健康や摂取栄養についての飢餓感が健康ビジネスという新しいビジネスについての関心を喚起し、このような領域におけるイノベーションを喚起する背景になっています。

私の経験6

教育界においては、この認識の変化によるイノベーションがいままさに進行中であるといえるように思います。いま学校における「教育（education）」という営み自身の認識が大きく変わりつつあります。

これまで私たちは長く、教育とはこれまで人類が蓄積してきた知的財産としての知識の体系をいかにして後継者としての生徒、学生に教え、伝承・発展させるかということであると、ほとんど信じて疑わずにやってきました。基本的にはこの営みを、画一的な教科書という材料を使い、授業という形で実行するのが教育であると考えてきました。

しかしいま、このような講義形式による単純な知識伝授型の文字通り教育が創造的な頭脳を作っていく作業に成功しているのか、疑問が広がっています。教科書と講義という、一見効率的に見える知識の伝承と発展の仕組みが、多様な発育の可能性をはらむ若き頭脳を必ずしも伸ばし切れていないのではないかという疑念が、この仕事に携わる世界中の関係者に広がっています。

このような発想変化の背景には、「知識」の伝承、習得の大切さと同時に、もう一つ、人間社会には知識とは別に、様々な経験によって得られる「知恵」というものの習得が大切であるという認識が大きくなってきていることがあります。

このような中で、教育現場では、高等教育だけではなく初等、中等教育も含めて、教員が「何を教えるか」ではなく、学生・生徒が「何を学ぶか」という観点からの指導が重視されるようになりつつあります。これは「教育」から「学習（learning）」への認識の転換、発想の転換です。具体的には一方通行の授業から脱し、討論や体験学習を通して、主体的な「学び」を図り、知識だけではなく思考力、判断力、想像力の育成を図ろうというわけです。

このような認識の変化を実体化するために導入されてきたイノベーションが「アクティブラーニング」という手法ですが、いまこのイノベーションの採用をめぐる論議が教育現場では花盛りの感があります。教育におけるこのような認識の変化が、教育方法をめぐる様々なイノベーションの可能性を生み出しつつあります。

7.「新しい知識を活用する」

発明発見という新しい知識によるイノベーションは、歴史を変えるようなイノベーションの中で高いレベルに位置づけられるものです。したがってまた、社会的関心の高いものです。

しかし、知識によるイノベーションは、その基本的な性格、すなわち実を結ぶまでのリードタイムの長さ、失敗の確率、不確実性、付随する問題などが他のイノベーションと大きく異なる。気まぐれであってマネジメントが難しい、とドラッカーはいっています。

知識によるイノベーションの第一の特徴は、リードタイムが長いことです。新しい知識が出現してから技術として応用できるようになり、さらに市場に受け入れられるようになるには長いリードタイムを必要とします。

この点については、マネジメントという道具のイノベーションについてもいえるとドラッカーはいっています。国際マネジメントと名乗る学会が最初に開かれたのは一九二三年、プラハにおいてであり、そのころにはアメリカのデュポンやGMをはじめとする大企業がマネジメントの概念にもとづいてその組織構造を変え始めていました。それに続く一〇年間に、世界で初めてのコンサルタント会社を創設したリンドー・アーウィックをはじめとする先駆者たちがマネジメントについての著述を始めていました。しかし、マネジメントが世界中の経営管理者にとって学ぶことのできる体系となるのにはドラッカー自身の、一九四六年『企業とは何か』、五四年『現代の経営』の刊行を待たなければならなかったと、ドラッカーは回顧しています。

知識にもとづくイノベーションの第二の特徴は、それがいくつかの異なる知識の結合によって行われることです。「必要な知識のすべてが用意されない限り、知識によるイノベーションは時

ノーベルの肖像（ノーベル賞メダルより）

期尚早であって、失敗は必然である。イノベーションが行われるのは、ほとんどの場合必要なもろもろの要素が既知のものとなり、利用できるものとなり、どこかで使われるようになったときである」、とドラッカーはいっています。（同上邦訳、一二七ページ）

知識にもとづくイノベーションはこのような特徴のゆえに、関連の要因の綿密な分析、明晰な戦略、意識的なマネジメントが必要であるが、それらをもってしても、特有のリスク、特有の不確実性が伴うと、ドラッカーはいいます。

したがってこの新知識によるイノベーションを目指す者には、他のイノベーションを目指すものとは要求されるものが全くことなります。直面するリスクは異質のものです。成功した時に得られるものは他のイノベーションで得られるリターンは確かに破格のものですが、リスクもまた大きいということです。

私の経験7

教育・研究で生きてきたものにとって、「新しい知識を活用する」イノベーションといった場合、とくに私のように社会科学をやってきたものにとってどのような経験が考えられるでしょうか。社会科学といってもかなり広範囲に及びますが、どのような専門領域をとるにしても、共通しているのは「いまの時代はどのような時代か」という問題意識ではないかと思います。いまの時代をどのように認識するかということが、個別の領域を超えて社会科学をやるものの共通の基本であるように思います。

このような視点からこれまでを振り返ってみますと、私にとって最も衝撃的な「新しい知識」の一つは、一九八〇年代以降に経験した「アジア太平洋時代の到来」という世界史的な時代状況の転換でした。

それまでの私たちの歴史認識はといえば、あきらかに欧米中心、西洋中心の歴史認識であり、アジアは近代においては世界史の中心にはなりえないもの、もっと極端にいえばアジアは停滞を運命づけられた地域であるというものでした。ただ日本だけはアジアの例外であるという認識でした。

アリフィン・ベイ『アジア太平洋の時代』（1987年、中央公論社）表紙

　このような歴史認識を転換させてくれたのは、「アジアの経済成長」という現実でした。一九八〇年代に入ると、「アジアは二一世紀の成長センター」といわれるようになりました。

　このような歴史認識の転換は、私たち立命館の学園創造に大きなインパクトを与えました。それまで国際化といえば、大学の世界では多くの努力が欧米の大学との関係の緊密化に向けられてきました。欧米の一級の大学への接近の度合い（留学や交流など）、英語教育のレベルといったことが競われてきました。それに比してアジア太平洋の大学との関係は希薄でした。留学生を送り出すにしても、受け入れるにしても、まず念頭に置かれたのは欧米への送り出し、欧米からの受け入れでした。

　しかしアジア太平洋の時代の到来といわれる

時代状況に直面して、私たちはもっと積極的にアジア太平洋地域に接近し、アジア太平洋に向きあった国際化を深める必要があるという思いに至らされました。

立命館では一九八九年に理事会の主導で出され、学園全体で確認された「二一世紀の立命館学園構想」という文書にこのことが明示されました。

立命館学園の「アジア太平洋志向」の国際化はここに始まっています。二〇〇〇年の立命館アジア太平洋大学（ＡＰＵ）の構想、開設もここに端を発しています。ＡＰＵといえば、日本学生と国際学生の比率の画期さや国際学生の出身国・地域の多様さ、日本語・英語二言語教育、外国人教員比率の高さなど、個々の特徴には際立ったものがあることは事実です。しかしこのような大学が二一世紀を迎えるところでできたのはなぜかといえば、上に述べたような、アジア太平洋時代の到来と、このような新しい時代に向けた若い人材を世界的に育成する必要があるという「時代認識」と「時代使命」です。これは私たちの仕事の上での「新しい知識」であり、ＡＰＵという新しい形の大学の創造はそのような新しい知識を活用したイノベーションであったといえます。

※　本章は、本書のために書き下ろされました。

Ⅲ・「発想転換」なくしてイノベーションなし

——私の経験

はじめに

ある研究会で、若い参加者の方から「先生には『大学のイノベーション』という著書と『大学の発想転換』という著書がありますが、「イノベーション」と「発想転換」はどう違うのですか、二つの間にはどのような関係があるのですか」という質問を受けました。このことがこの論考を書くことになったきっかけです。

その場では、「『イノベーション』の前提には必ず既成概念からの何らかの『発想転換』がある。『発想転換』なくして『イノベーション』なしということではないか」という趣旨のお答えをさせていただきましたが、率直的にいうと、その時、恥ずかしながらこれらの二つの関係を明確に意識してこなかったことに内心赤面しました。

質問に対する私の答えは上述の通りですが、ここで、この答えを導くに至った私自身の発想転換とイノベーションの関係の経験を改めて事例的に整理しておくことが必要であると感じました。その結果生まれたのがこの本章です。

以下紹介する事例は、私が一九八〇年代から二〇〇〇年代に、当時本務校であった学校法人立命館での具体的な経験です。この時期の立命館の歴史はすでに学校法人が編集、刊行した学園正史『立命館百年史』通史Ⅲ（二〇一三年刊行）に公式にまとめられています。この『立命館百年史』通史Ⅲの編集には、私自身が編纂室長として関わった経緯もあります。

この時代、私自身は教学部長や副総長などとして、学校法人・大学の経営に一五年以上にわたり関わりを持ちました（もとよりその時その時に関わった仕事の局面は異なっていますが）。この時期は、立命館にとり大きな変革の時期でしたが、今からそのような変革を振り返ってみると、上記のような発想転換とイノベーションの関わりが蘇ってきます。

本章は、「発想転換とイノベーション」という問題を、私自身の経験した立命館の改革の歴史のいくつかの出来事をレヴューしながら考えてみたものです。

1．イノベーション理論における「発想転換」の意味

現実のイノベーションの実現において「発想転換」というものがどのような役割を果たしているのかということについては、これまで意識的に取り上げられたことはあまりないように思います。ここで発想転換とは、いろいろな事柄について、現在のあり様や通常の観念を大幅に転換し、様相を一新した状況を作り出そうとする思いをもつことであると理解しています。敢えて説明の必要もないと思われますが、分かりやすい例でいえば、ブラウン管ＴＶ全盛の時代に壁掛

け TVを作れないかと考えたことや（構想者はシャープの創業者である早川徳次さん。これが液晶というイノベーションの出発点となりました）、プラスチックは電気を導かないものと考えられていた時代に電気を通すプラスチックが出来ないかと考えたこと（これがノーベル賞受賞者である白川英樹さんの電気を通すプラスチックの発明に繋がりました）です。

イノベーションにとってこのような発想転換が大切な役割を持っていそうなことは誰もが感じています。しかし、このことをこれまで意識的に取り上げることはなかったように思います。イノベーション論のバイブルとされるドラッカーの『イノベーションと企業家精神』においても、このことは取り上げられていないように思います。

このことを考える一つのきっかけは、『イノベーションと企業家精神』で論じられている有名な「イノベーションのための七つの機会」が実際にイノベーションに結実する際に、どのようなプロセスを辿るのかということです。

この点で大切なことは、「イノベーションのための七つの機会」に等しく直面していても、機会を経験したすべての人が等しくイノベーションを経験する、成し遂げるというものではないということです。むしろ同じ環境の中におかれてもイノベーションを果たせる人（組織）は少数で、決定的なイノベーションを実現するのは多くの場合特定の一人（ないし一つの組織）です。ほとんどの人は同じ環境に置かれているのに、その環境変化をイノベーションの機会として生かせていないということです。イノベーションのための機会は平等に与えられているのに、実際にこれをイノベーションにつなげられるのは個人（個別組織）なのです。

これはなぜでしょうか。

誰もが経験する（経験できる）七つの機会と、これをイノベーションの機会として生かすことの間には、なにかの飛躍がある。それが、「発想転換」というものではないかと思います。

「イノベーションのための七つの機会」に遭遇しても、人によって態度は多様です。ある人は七つの機会に遭遇しても、それによってこれまでの活動の前提が大きく変わるものではない、多少の微調整でやっていけると考えるかもしれません。またそうしてやっていく方法を積極的に考えようとするかもしれません。

他方、ある人は、そのような事態に直面した時、これまでの仕方での対応では将来危ういのではないか、これまでのやり方を見直し、根本的に変える必要が生じてきているのではないかと考えるかもしれません。またこれを機会に、これまでのやり方を転換して、新しいビジネス機会を見出そうとするかもしれません。要するにこれまでのやり考え方、やり方を転換したい、しなければならないと考えるわけです。

一般的には、後者のような方向は圧倒的に多くの人によって支持されるでしょう。しかし残念ながら、実際に直面した時、勇気をもって思い切った発想転換に乗り出すことはなかなか稀です。

結局は、何とか現在のやり方の微調整で乗り切れるのではないか、乗り切ろうと考えるわけです。

このとき、本気で大胆な発想転換を行ない、実行を試みたものに訪れるのがイノベーションです。したがって、イノベーションを実現するものは、個別であり、少数にならざるをえないのです。

ドラッカーのいう「イノベーションのための七つの機会」は、発想転換のためのきっかけを用意してくれています。しかし、これが発想転換につながり、現実のイノベーションに転用するかは人によるということです。

置かれた状況が同じであり、同じ機会を経験していても、そこからどのような発想転換、つまり既存のものを変える発想ができるかによって、イノベーションの可能性が大きく変わってくるということです。ここが人間らしいところであり、大切なところです。

ここで、このような発想転換の事例を私自身の経験に沿っていくつか紹介してみます。それらはいずれも私がかつての本務校での大学改革のなかで経験したことです。またそれらの改革の内容、結果については外部でも周知のことです。

以下のことは私自身の個人的経験ですが、基本はすでに学校法人立命館が編集、刊行した正史『立命館百年史』通史Ⅲ（二〇一二年刊）で公式にまとめられています。

2．立命館大学びわこ・くさつキャンパス（BKC）の開設をもたらした発想転換

改革の遅れ――いかにして活路を開くか

びわこ・くさつキャンパス（以下、BKC）の開設は、教育システムのあり方の点でも、キャンパス規模の点でも、一〇〇年近い歴史を持つ（当時）立命館大学としてかつて経験したことのないものでした。それだけに、その成否は学園の命運を懸けた大プロジェクトでした。

BKC開設・理工学部拡充移転の計画があきらかにされたのは、一九九四年四月開設に先立つ五年前、一九八九年九月のことでしたが、それは学内外で大きな反響を呼ぶものでした。

しかし学内的には、BKC開設に結実する新キャンパス造営と理工学部拡充移転の発想は、さらにその三〜四年前から始動していました。当時一九八〇年代に入って社会は情報化、国際化といい習わされる変化が加速していく中で、これに対応した高等教育機関、大学の改革が叫ばれ、周辺の有力私立大学はこぞって動きを強めていました。とくに情報化に即した理工学系の分野の強化が目立ってきていました。周辺の大学は理工系の新分野の開拓、新学部、新大学院の設置を進めていましたし、そのための新キャンパスの用意を始めたところもありました。また学生数の増加による体制強化を進めたところもありました。

そのような中で、立命館内部でも、一九八〇年代に入ると、理工系強化の論議がはじまり、そ

立命館大学びわこ・くさつキャンパス(BKC)空撮(立命館大学広報課より提供)

のためのプロジェクトもできました。しかし、理工学部改革の論議が始まるといつも乗り上げる暗礁がありました。財政負担の問題です。学部を拡充するにしろ、設備を更新するにしろ、「改革の財源をどこから得るか」ということです。

日本の総合大学では、多かれ少なかれ財政負担の大きな理工学部は戦後ずっと財政的には社会・人文系の大規模学部が作り出す財政資源に依拠する形で成り立ってきていました。まして社会・人文系のウエイトが圧倒的に大きかった立命館の場合には、理工学部は「金食い虫」の付属物のようにみられ、それが新しい分野の開拓や規模拡大を自己規制、自己抑制するという消極的な循環が続いてきていました。社会・人文系学部が財政資源を作り出す力をもっているのであれば、余裕の資金を理工学部に回してもよさそうなものですが、実際にはそうはなっていませんでした。社会・人文系学部には「理工学部の改革はほどほどに」というスタンスがあり、理工学部自身、たえずそのような社会・人文系の意向を気にしながらの改革の取り組みでした。

いかにして財政自立を実現するか――鍵となった発想転換

この消極的循環を断ち切ったのが、理工学部の「財政自立論」でした。

「理工学部だから必ず財政的に自立できない、ということになるのか。理工系の単科大学ではちゃんと自立してやっているではないか。」

この素朴な「問い」が発端となり、理工学部改革の論議の方向が一変することになりました。

立命館では一九八八年、国際関係学部という新学部を二〇数年ぶりに創りましたが、この新設学部が当初意図したほどの規模を認可してもらえず、かなり小規模なものに甘んじざるを得ないことがわかったころ、財政担当責任者を中心に、専門分野の教員も含めて、学園の財政問題の将来を検討する研究会が立ち上げられました。この際、とくに問題となったのは、理工学部の財政問題でした。そしてこの席上で、出されたのが上記の素朴な問題提起でした。

いままで理工学部の財政は社会・人文系と一体で考えないととても無理というのが常識でしたから、これを自立させ、独立で考えるという発想は学内にはありませんでした。したがって、これを独立で考えるという発想は、大きな「発想転換」でした。

しかし、どうしたら理工学部財政を自立化できるのか。その時私たちは実際に主として関東に存在する代表的な理工系の単科大学（社会・人文系をもたない理工系大学）の財政研究を行いました。その結果わかったことは、実に単純なことでした。そのような大学と総合大学としての立命館の理工学部とは、学生数がほぼ倍ほど違うということでした。当時立命館の理工学部の学生数は二、五〇〇名ほどでしたが、単科の理工系大学はほぼその倍の五、〇〇〇から六、〇〇〇名の規模になっていました。

ここで私たちは、大学（学部）が擁する学生数規模が作り出す財政的耐久力の現実をリアルに認識することになりました。またそれまでこのような現実を認識できなかったことを、内心率直に恥じました。

学生数倍増と新キャンパスの必要

この発想転換が起こると、引き続いて新しい発想転換に迫られました。もしこの学生数倍増を実現するとなると、現状のキャンパス（衣笠キャンパス）ではとても無理であることがわかりました。このキャンパスでは当時あった六つの学部・大学院を収容するのに手一杯だったからです。

ここから、私たちは新キャンパスを開拓する必要に迫られることになりました。しかし理屈は簡単でしたが、現実にキャンパスをもう一つ開設するということは容易ならざることでありました。もとより大学のキャンパスは教育・研究に適した環境になければならないのですが、そのような場所が見つかったとしてもそのような土地を入手するには莫大な資金が必要であることはいうまでもありません。

しかし、こうして私たちは、理工学部の財政自立を果たそうとすれば、結局、新キャンパスが必要というところにたどり着くことになりました。これは、当初の思いからすれば関係者には、発想転換の驚きの結論でした。

当時立命館には、そのために用意できる土地があったわけでも、また調達できる資金があったわけでもありませんでした。したがって、この時点でこの発想転換の実現をあきらめることもあり得ました。

しかし私たちは、わずかでもこれを実現する可能性がないか、関西一円のめぼしい場所を吟味しました。しかしいずこも望ましいと惚れ込む場所には法外な（私たちには）資金が必要であることが、残念ながら前進を拒みました。

このような中で、一九八八年滋賀県からの申し出は、私たちに思わぬ機会を与えてくれるものでした。

「もし立命館が京都の理工学部を移転するのであれば、土地を無償で提供してもいい」という隣接滋賀県からの打診でした。

このような滋賀県からの提案にもとづき、一九八九年秋、立命館と滋賀県との間に異例の大型公私協力の協定が結ばれました。それによって、「びわこ文化公園東隣接地」約五〇ヘクタールが造成済みで無償供与提供されることになりました（現在のＢＫＣは約六二ヘクタール）。これは立命館にとって、またとない幸運でした。

以上が「学生数規模二、五〇〇を倍増させ、五、〇〇〇～六、〇〇〇名にすれば自立してやっていける」という発想が生まれ、ここから、「理工学部の学生数規模↓新学科増設↓新キャンパスの必要」という、それまでの立命館大学では考えられなかった新しい発想の連鎖、いわば「逆転の発想」が生まれてきた経緯の概略です。これが、八〇年代後半の「二一世紀の立命館学園構想」の論議に引き継がれ、ＢＫＣ開設・理工学部拡充移転の実現に結実していくわけです。

新キャンパスのための、莫大な資金を要する土地の調達をこのような外部との連携によって入手するということは、最初から意図したわけではありません。偶然の結果であったのですが、結果としてのこの経験は、私たちに貴重な経験を残しました。「これからは必要なものを何でも自分の力だけでやる」という時代ではないのではないか、社会との連携によって必要な資源を得ることが求められる時代なのではないか、ということです。このような認識も私たちの大きな発想転換でした。

一九九〇年代以降、二一世紀の今日に至るまで、立命館は連続的に様々な改革に取り組み、キャンパス複数化、学部・大学院の拡充などに取り組んできていますが、これが可能になった原点はまぎれもなくこのＢＫＣ開設・理工学部拡充移転事業でした。そのことを振り返ってみますと、理工学部の財政自立、学生数規模倍増という発想転換がいかに大きな役割を果たしたかに思い至ります。これによって立命館のイノベーションに火がついたといえます。

このＢＫＣ開設・理工学部拡充移転事業は、立命館のその後の発展に様々な新しい経験を創り出しました。その最大のものは、なんといっても、さらに続くＡＰＵ開設事業です。この点は、改めて述べます。

産官学提携の推進

地方自治体・滋賀県との連携によるＢＫＣ開設・理工学部拡充移転事業の推進は、さらにもう一つ、大学の教育・研究レベルでの発想転換とイノベーション、「産官学提携」の積極的推進を作り出しました。

今頃そんなことをいうと、そんなこと当たり前ではないか、それがなぜ発想転換なのかという方が多いのではないかと思います。二一世紀に入り、特に国立大学の法人化が進められ、政府・文部科学省は大学の産官学提携を積極的に奨励してきました。大学の設置申請などでも産官学提携の推進計画を掲げることを求めてきました。

しかし、ＢＫＣ開設の準備に入る、一九九〇年代初頭には、状況はまるで違っていました。戦後日本の大学を覆っていた産官学提携、とくに産学提携を罪悪視する雰囲気は今では考えられないものでした。大学と産業界の連携、協同は、大学の自治、学問の自由を侵すものとして敬遠されました。産業界サイドも大学に対する信頼が薄く、両者の連携はなかなか進んでいなかったのです。

一九九〇年代初め、立命館は上記のＢＫＣ開設・理工学部拡充移転事業を推進する過程で、このような現実に疑問を感じ、結果的に現状の大きな発想転換に踏み切りました。企業のニーズを積極的に吸収し、その実現のために企業と資金、施設、人材など様々なレベルでの協力関係を構築することにしました。そのために、企業と大学を結ぶ「リエゾンオフィス」というものを設置し、ここを統一の窓口にしました。

このような発想転換の背景にあったのは、企業と大学はそれぞれ異なるミッションをもっているが、実際に進めている科学技術の開発や知識啓発活動は、社会に対する貢献では共通するものがあり、お互いに活動や資源、人材を共有、融通できるのではないかという、単純で素直な認識でした。

ＢＫＣ開設・理工学部拡充移転事業がこれまでの観念から発想転換を図り、積極的な産学連携の方向に舵を切らせたのは、もはや一私学の限られた財政資源では社会からの期待に応えられるような研究・教育活動、とりわけ理工系の研究・教育活動を展開できない時代なのではないかということを自覚したからでした。社会の求める大学の研究・教育は、社会とのさまざまは連携の中で実現していく時代が到来していたのです。

立命館がこのような取り組みを始めたのは、ＢＫＣ開設・理工学部拡充移転事業が佳境に入る一九九〇年代初めですが、このようなスタンスの取り組みをする大学は国公立、私立を問わずまだ日本にはなく、当時立命館は周りから相当異端とみられました。「立命館のように産業界と連携し、資金、資源の導入を図ることは大学の自由、自治を破壊するものである」といったようなことが公然といわれました。

この中で私たちは、「自主、民主、公開、平和利用」といった立命館独自の外部資金導入に関わる倫理規定を策定し、これに則った産学連携を構築することにしました。そのような関係の窓口となったのがリエゾンオフィスといわれるものでした。

私たち立命館の発想転換を象徴する、このリエゾンオフィスというコンセプトは、一九九〇年代末には産学連携を積極的に推進するようになった文部科学省、経済産業省によって国立大学での産学連携推進の方針として取り入れられ、一般化していくことになりました。

3．立命館アジア太平洋大学（APU）の開設をもたらした発想転換

私が経験した発想転換とイノベーションの経験の第二のものは、立命館アジア太平洋大学（以下、APU）の創設に関わるものです。

APUは、学校法人立命館が地方自治体・大分県および別府市と協力し、立命館学園創立一〇〇周年を記念して、二〇〇〇年四月に大分県別府市で開設されました。以来APUは比較的に順調な歩みを続けつつ、二〇二〇年に開設二〇周年を迎えます。

APU開設に関わっては二つの側面での発想転換とイノベーションがありました。一つは大分県および別府市との協力です。この連携は、滋賀県との連携によるBKC開設の経験の延長上にあるもので、BKCの場合と同じく土地の調達および施設整備に関わる財政支援を中心とする、大学と地方自治体との大型連携でした。これはAPUの開設財政には中核的意味をもった連携でしたが、私たちの教訓としてはBKC開設と同様のものでした。

もう一つは大学のあり方そのもの発想転換とイノベーションです。ここでは、この点を中心に述べます。

立命館アジア太平洋大学（APU）キャンパス空撮（APU学長室より提供）

「学生の半数（五〇％）を国際学生（留学生）で構成する」大学を創る

ＡＰＵは、日本の大学として、来るべき「アジア太平洋の時代」に相応しい国際貢献を果たし、同時に日本の大学の国際化に新境地を切り拓くという志の下に構想された国際大学です。

この大学は、それまでの日本の大学のあり方をいくつかの点で大きく発想転換したものでした。そのコアとなったのは「学生の半数（五〇％）を国際学生（留学生）で構成する」というところにあります。ＡＰＵでは、教育プログラム、使用言語、教員組織、キャンパス・インフラ、大学を構成するすべての条件が、この「学生の半数を国際学生で構成する」という考えを前提として組み立てられています。

一九九〇年代後半、このような新大学構想が学内、学外に打ち出されたとき、それがめざす志への積極的評価と同時に、この時点でそのような構想を一気に実現することは困難ではないか、もっと率直にいえば「無謀ではないか」という声が各方面から上げられました。なによりも、監督官庁としての、当時の文部科学省の悲観的な対応は堪えました。

APU開設の具体的な準備は、一九九五年から本格化することになりましたが、それは、学内的にも社会的にも、「夢」と、「厳しさ」「不安」が入り交じった複雑な雰囲気の中での出発でした。一九九七年後半から、日本への国際学生の大部隊の送り出し先であるアジア全域を襲った通貨危機、経済危機は、APUプロジェクトの先行きをより一層不安にするものでした。

しかし、様々な困難はありましたが、APUは二〇〇〇年四月、ほとんど一〇〇パーセント、当初の計画どおり開学しました。そして現在二〇一八年、一九年目を順調に経過しており、間もなく開学二〇周年を迎えます。

「国際学生半数」のコンセプトがいつ、どこから生まれたのか

今もAPUの歴史を語るとき、必ず出される質問は、この「国際学生半数」のコンセプトがいつ、どこから生まれたのかということです。

このコンセプトがはじめて学園の公式文書に登場してくるのは、一九九五年、立命館学園が第五次長期計画を構築するための計画委員会答申においてです。一九九五年四月に出されたこの委員会の答申は、この新大学開設の課題について、以下のように述べています。

APU教育を紹介する、崎谷実穂・柳瀬博一『混ぜる教育』(2016年、日経BP社)表紙

「(新大学は)国境を越え世界に開かれた新しいタイプの大学であり、学生構成は画期的な留学生比率を実現するとともに、多様な外国人教員を含む大胆な教員構成をとり……、留学生の受入れ目標は五〇%以上とし、英語能力に比重をおいた選考を行い、日本語能力を入学の障壁としない。」(学校法人 立命館「第五次長期計画員会・第一次答申」)

新大学の基本コンセプトがこうして新大学構想検討の最初の段階から明確に打ち出されていたことは、きわめて意義の大きいことでした。

しかし、このコンセプトの源は実はもっと以前に遡ります。

このコンセプトの発想の発端は、一九九四年四月一一日の、平松大分県知事を迎えての立命館・大分県トップ会合の席上での、新大学構想をめぐるやりとりでした。

平松知事からアジア地域との国際化をにらんだ新大学開設の誘いを受けた最初の立命館側の反応は、おおよそ次のようなものでした。

「立命館はこの間、第三次長計、第四次長計の中で、他に先がけた新しいタイプの二つの新学部をつくり、前例のない新キャンパスBKC開設と理工学部の大拡充・移転を果たしてきた。引き続き何か新しい大学創設をやるというのであれば、これまでに日本のどの大学もやったことのないようなものでないと、本物のファイトが沸かない。今、日本に五〇〇ある四年制大学が一つ増えるような程度の大学づくりだったら、大した意味がない。」

これに対してすかさず平松知事から、「ではどのような大学だったら、立命館が創設に値する、わが国初のユニークな大学と考えるのか」との質問が返ってきました。平松知事からのもっともな質問に対して、正直いって立命館側はあらかじめ用意した回答をもっていたわけではありませんでした。しかし、知事の質問には何らかの意味のある反応を示す必要があり、「今、文部省は留学生一〇万人計画実現といっているけれども、実際にはまだ目標の半分も行っていない。留学生が多い大学といっても学生比率でほんの数%だ。一番比率の高いところでも一〇数%ではないか。この際、学生の半数、五〇%を留学生にする大学を考えたら、これは確実に日本初ということになるのではないか」という主旨の反応を示しました。

その場のやりとりは、あらかじめ首脳陣が相談して用意していたわけではなかったので、「今までに日本にない大学は何か」と聞かれたから、「たとえば」ということで、いわばとっさに出された反応でした。

しかし、大分県平松知事との最初の出会いの中で交わされたこのやりとりの余音は、立命館側と大分県側の、それからのいろいろなレベルの作業の中で消えるどころかますます波紋の拡がりを作り出していくことになりました。

一九九四年四月一一日の立命館・大分県のトップ会合のあと、具体的にこの会合のフォローアップ作業が双方の研究会や事務局レベルで進められました。その中で、想定される新大学のコンセプトを検討していくにしたがって、「国際学生半数」の大学イメージが双方関係者の間でますます大きくなっていくことになりました。

このコンセプトについてよく聞かれるのは「これがどのような論議の結果生まれてきたのか」ということです。しかし、このような経過からもあきらかなように、このコンセプトは必ずしも何かいろいろな状況、条件を細かく、十分検討した上で生まれてきたものというわけではありませんでした。むしろ、「わが国初の、これまでに存在しない大学」として、何よりもこのコンセプトが先に生まれてきたということです。そして、もっといえば関係者がこのコンセプトに「惚れ込んだ」ということです。今振り返ってみると、このような経緯がこのコンセプトを育てていく上で有効だったように思われます。

もし、このコンセプトを、同時にいろいろな実現条件を考えながら定着させようとしたら、途中で挫折していたのではないかとも思われます。何よりもこのコンセプトに惚れ込んだ者たちが、何としてもこれを実現しようと執念を燃やしたがゆえに、これが本物になったのではないかと、今私は思い返しています。

ＡＰＵという今注目されているグローバル大学は、遡れば、こうしてふと交わした自分たち自身の会話に惚れ込んだ者たちの、人材養成における国際貢献と日本の大学の国際化にかける、いわば執念が結実していったものといえます。

「迎え入れる国際化」

ところで、新大学のフレームワークとして「学生の半数（五〇％）を国際学生に」というコンセプトを採用することに腹を決めたとき、私たちは大学国際化というものに新しいコンセプトを採用しつつあることに気づくことになりました。それは、「日本の大学環境のグローバル化で日本と世界の学生をグローバルに育てる」という国際化のコンセプトです。私たちはこれを「迎え入れる国際化」と呼び、従来の学生を外国に留学させてグローバル人材を育成するという「送り出す国際化」と対比することになりました。

「迎え入れる国際化」の特徴は、大学環境自体をグローバル化し、そこに日本と世界の学生を迎え入れて人材のグローバル化を図るという考え方です。日本の大学環境を外国留学で経験できるような環境に仕立て、国内で外国留学的体験を経験できるようにするということです。いまなら「インバウンド国際化」とでもいったかもしれません。

大学にとって「送り出す国際化」はそれを経験できる学生が限られざるをえないところがありますが、「迎え入れる国際化」はキャンパスを構成する学生が等しく留学的経験をえることができるというメリットがあります。

また近年、大学の世界レベルでの評価が問われることが多くなってきています。このような際、重要な意味を持ってきているのは、当該大学が世界的に若者からどれだけ評価を受けているかということですが、そのレベルを示すのは、ここでいう「迎え入れる国際化」のレベルということになります

ただ、「迎え入れる国際化」の難しさは、いうまでもなく学生構成の高い比率を国際学生とすることが求められることです。APU構築のために求められた苦労の大きな部分は、国際学生を受け入れるための苦労であったといえます。

「日本語の壁」を越える――日本語・英語二言語による教育システム

APU開設に際して行ったもう一つの大きな、大学のあり方についての発想転換は、教育を日

本語、英語の二言語によって行うということです。

日本では国際学生受入れというと、今でも日本語での勉学が当然のごとく前提となっています。しかし、事前に日本語を習得して日本への留学に備えている学生がある程度の規模で存在しているのは、韓国、中国、台湾などの北東アジアの国・地域に限られています。アジアでもその他の、東南アジア、西南アジア、中央アジアの国・地域、ましてその他の世界の各国・地域では、日本語を習得している学生層はごく限られています。

このような状況の中で、いかに国際学生受入れのネットワークを拡げても、日本語での学習を前提とし、したがって日本語の事前習得を前提した場合、実際に十分な入学志願者が現れるかどうか、上記の北東アジアの国・地域外ではきわめてリスクを伴うものでした。

また、北東アジアの国・地域でも、海外留学をめざす積極的な学生層は、まず第一に英語の習得をめざしており、それらの層は当然のこととして英語圏、具体的には合衆国やカナダ、イギリスやオーストラリアへの留学を第一希望としています。それらの層は、よほどの動機がない限り、改めて日本語を習得して日本にくるということはありません。このような状況は、当時も今も基本的に変わりません。

そのようなことを考えると、私たちはどうしてもこの「日本語の壁」を打破して、講義などでの使用言語を少なくとも日本語と英語の二言語システムに踏み切らなければならないと考えるに至りました。上記の北東アジアの国・地域を越えてアジア全域、さらに世界中から国際学生を受け入れ、また北東アジアでも事前に英語を習得して欧米への留学をめざしている優秀な学生層を受け入れるには、この「日本語の壁」を越えることは必須の条件でした。

理屈はわかっても、この決断は、今の日本の大学では相当勇気のいることでした。講義や演習の一部を英語化するのならそれほど難しいことでありません。しかし、APUでは、やるとしたらすべてのカリキュラムについて二言語化を図らなければならない。果たしてこれを実現できるような条件を整えることができるだろうか、担当体制を組むことができるだろうか、というのが最大の思案でした。

幾分の不安を感じつつも英語・日本語二言語システムに踏み切らせたのは、APUを普通の国際学生受入れ大学にしてはならない、日本の通常の大学のように、国際学生といえば北東アジア三国・地域からの国際学生がほとんどを占めているような状況にしてはならない、国際学生が世界中から集まる本格的な国際大学にしたい、という強い思いでした。

授業体制を英語・日本語二本立てですることは、担当体制、教室条件、時間割など条件面でも、これまでに私たちが経験したことのない負担を強いられることになりました。また、日本語能力を入学の前提としないということは、授業体制だけではなく、事務室での学生対応から始まって、様々な面でのバイリンガル体制の実現が求められます。授業を担当する教員だけではなく、事務室窓口で様々な相談事に対応する一人一人の職員メンバーがバイリンガル能力を求められることになります。授業体制を二言語化するということは、単に英語の授業を並行させればよいというものではないのです。

日本に大学は数多いけれども、このようなシステムを全面構築した大学は、APUがはじめてでした。このような日本語・英語二言語システムの導入は、幾多の苦労を伴いましたが――それは今も続いている――、それを通して多くのことを学びました。また、日本の大学にして日本の大学ではないような新しい状況を生み出しました。

日本語・英語二言語教育システムの成果

日本語・英語二言語教育システムのなによりの成果であり、ここから学んだことは、「日本語の壁」を越えることによって、世界中から日本に国際学生がやってくるようになったことです。また、韓国、中国、台湾などの北東アジアの国・地域からは、事前に日本語を習得した学生だけではなく、英語を習得している、当初は欧米志向の学生たちが多数入学してくるようになったことです。

入学条件に日本語能力の事前習得を求めないAPUでは、二種類の学生の志願があります。いうまでもなく、受講を基本的に日本語による学生と、英語による学生です。APUでは前者の学生を「日本語基準」学生、後者を「英語基準」学生と呼んでいます。現在北東アジアの韓国、中国、台湾からの学生は、常識的には日本語基準の学生が中心と思われがちですが、実はその約八〇％が英語基準の学生なのです。これはあきらかに、「日本語の壁」を越えることが生み出している結果です。

いずれにしても、現在ＡＰＵには、常時世界九〇前後の国・地域から学生が来ていますが、これは明らかに「日本語の壁」を越えたことの効果です。この発想転換なしには、決してこのような状況は実現しえなかったでしょう。

もう一つ、こうしてＡＰＵでは日本語を事前に習得していない学生の入学を可能にしたことの反面として、入学後は英語による通常課目の履修と同時に、並行して（一、二回生を重点的に）日本語の習得を義務づけていますが、注目されるのはこのことが生み出す効果です。

これは特に、一、二回生の国際学生の学習活動を相当にハードなものにしています。しかし、国際学生たちはこれにめげず、連日深夜、図書館の閉館時刻まで学習に励むような状況が拡がっています。

このような学習の雰囲気は、入学した当初の日本人学生には驚きです。しかし、このような雰囲気の中で日本人学生も負けずに学習に励むようになるのであり、国際的相互刺激による効果が、ＡＰＵの大きな特徴となっています。

なぜ日本語・英語二本立てか

ところで、ここで一つの疑問が出てくるのではないかと思います。「それならば、なぜ英語一本の教育システムにしなかったのか」という疑問です。特にAPU後、実際にいくつかのところでそのような試みがあります。

APUの設置に際しても当初の段階では、そのような論議が学内外でありました。そのような国際大学を目指すのであれば、いっそ英語一本で行ったらどうかというという意見です。設置担当者の中でも、このことは大切な思案の一つでした。

この中で、結局二言語二本立てで行くことにしたのには、二つのことがありました。

第一は、英語一本で行った場合の国内学生（日本で教育を受けた学生）の対応能力の課題です。いずれ将来的には国内学生も国際学生とともに英語一本で行く時代が来るとしても、現状の日本の中等教育までの英語運用能力の習得の現状では、それなりの規模の国内学生を擁する大学では（APUでは約三、〇〇〇名）、本当に大学として求められる基礎的、専門的学力を英語一本で十分に身に着けさせられるかどうかという問題です。特別に英語能力の高い一握りの学生だけを選抜して大学創りをするのであれば、それは可能でしょう。しかし、ある程度幅広い国内学生を受け入れた大学では、当面は無理があるのではないか、というのが私たちの現実的な判断でした。

しかし国内学生の英語能力を軽視したわけではありません。むしろ、英語能力のまだ十分でない国内学生は、他方で英語を基本として勉学し生活する国際学生のたくさんいる環境で、自ずから英語能力を磨くことができるようになると考えたのです。

第二は、もう一方の国際学生の問題です。日本にやってくる国際学生の多くは当時も今も、学部卒業後日本での就職を求めています。しかしそれには、一つの壁があります。それはもう一つの「日本語の壁」です。日本の企業は多くの場合、社内でのコミュニケーションを日本語によっており、日本企業への就職の成功は日本語能力によるところが大きいという実態があります。APU創設のころに比べて状況はかなり変わりつつありますが、それでも日本企業が入社条件として日本語能力を求める現実は大きくは変わりません。

このような中で、APUが日本語能力を入学条件としないという大胆な方針をとることは大きなジレンマでした。とくにAPUの場合、英語ができるのにわざわざAPU（日本）に来るのは日本企業への就職が大きな目的でした。

そこで必要とされたのは、入学後APU学内での日本語の特別強力なトレーニングでした。日本語ができずに入学してくる（もちろん個人差はありますが）英語基準の国際学生にいかに有効な日本語のトレーニングを施すかでした。

英語基準で入学した国際学生に対する日本語教育の結果は、結局四年後の就職時に試されることになりますが、日本企業への就職実現という高い意欲に支えられて、これまでのところ順調な評価を得ているように思われます。

ただそれは人並み以上に多くの時間をかけての結果というものではありません。むしろAPUの日本語教育は相当破格の時間節約でのスタートでした。それは日本語教育の学会では無謀といわれても仕方のないような、常識破りの教育システムでした。そのような相当な時間節約型の日本語教育を人並み以上に効果を上げさせたのは、国際学生、国内学生が共住する大型の学生寮APハウスの存在が代表的に示すような、正規の授業時間を超えた学内外の日本語トレーニング環境の整備と活用でした。一言でいえば学生の半数が日本語学生としての国内学生として存在する環境の活用であり、その効果でした。

このような、国内外の学生が共生、共学する環境があったからこそ、多少破格の時間節約的な日本語教育のシステムの中で教育の実質を上げることができたように思います。

こうして、APUの開設は、「学生の半数を国際学生で」という、学生数構成の面だけでなく、周囲からかなり成り行きが不安がられるくらいの様々な発想転換に導かれてのイノベーションでした。「発想転換なくしてイノベーションなし」という私の確信は、このような経験から来たものです。

※　本章は、ドラッカー学会年報『文明とマネジメント』Vol.13, 2016 に掲載された同名論文をリライトしたものです。

Ⅳ・「アイデアによるイノベーション」

――その役割と進め方

はじめに――「アイデア」によるイノベーションについて

ドラッカーは『イノベーションと企業家精神』の冒頭第１部で、「イノベーションの方法」として周知の「イノベーションの七つの機会」を論じた後、これに続けて、第一〇章で「アイデアによるイノベーション」について論じています。

ドラッカーはこの「アイデアによるイノベーション」について、まず否定的な意見を開陳します。「アイデアはイノベーションの機会としてはリスクが大きい。成功する確率は最も小さく、失敗する確率は最も大きい」（Drucker, 1985：邦訳、一五一ページ）と述べて、「七つの機会」とは別扱いにしています。さらに、「アイデアによるイノベーション」は「そもそもアイデアなるものがあまりに曖昧である」、「企業家たるものは、いかにもろもろの成功物語に心惹かれようとも、単なるアイデアによるイノベーションに手をつけるべきではない」（同上邦訳、一五三ページ）とまで述べています。いわばそれは、「イノベーションのための七つの機会」の最初に出てくる「予期せぬ成功によるイノベーション」の対極にあるイノベーションのタイプであるというわけです。

しかし他方で、「一国の経済が企業家的であろうとするならば、アイデアによるイノベーションに特有の騎士道精神をないがしろにしてはならない」、「アイデアによるイノベーションは、その数が膨大であるために、たとえ成功の確率は低くとも新事業、雇用増、経済活動の大きな源泉となる」ともいっています（以上、同上邦訳、一五四ページ）。

こうしてドラッカーは、「アイデアによるイノベーション」については両面の評価をしますが、結局それは「いわばイノベーションと企業家精神の原理と方法の体系における付録である」と位置付けています。

「アイデアによるイノベーション」は、こうしてドラッカー自身が「リスクが大きく」、企業家たるもの「手をつけるべきではない」と述べたこともあり、残念ながらドラッカー愛好者がまともに取り上げることは少ないように見えます。しかしこの「アイデアによるイノベーション」は実際には今も私たちの周りで現実には大切な働きをしています。このタイプのイノベーションの機会を、今一度取り上げてみることも必要ではないかというのが筆者の見方です。

ここでの筆者の関心は、イノベーション理論におけるこの「アイデアによるイノベーション」の取り上げ方と、これを積極的にすすめるための、なにか共通の手法がないのかということです。

1. イノベーションの二つの段階

イノベーションの二つの段階

この問題を考える際、考慮に入れなければならない一つの事実があります。それは私たちがイノベーションという行為を成功させるには、多くの場合、基本的に(1)イノベーションの「機会」の発見と、(2)イノベーションの「機会」の実現という二段階のプロセスをたどるものであるということです。

イノベーションの展開をこのようにプロセス的、段階的に理解することは、別に不自然なことではありませんが、一般にはあまり普通のことでないかもしれません。しかし、イノベーションを実践的に理解しようとすると、このようなプロセス的な理解は大切な論点を浮かび上がらせてくれるように思います。それはドラッカーのいう「イノベーションのための七つの機会」の理論的性格と位置づけに関わることです。

ドラッカーの『イノベーションと企業家精神』におけるイノベーションの方法論はそれを誰もがアクセスできるものとして「機会」の分析を最大の課題としました。機会の分析を徹底することによって、イノベーションに関心を持つひとは誰でもイノベーションの機会に近づけるものにしようと考えました。そこで、「イノベーションのための七つの機会」を重視し、そこに示された環境の変化に注視することを求めました。

このような機会の分析を重視する段階においては、思いつきも多いアイデアに頼ることには必ずしも積極的ではなかったようです。

しかしイノベーションの展開プロセスを考えると、浮上したイノベーションの機会はさらに多くの場合、それを具体化する「手立て」が改めて必要とされることになります。この段階になりますと、そのような具体的な手立てを手に入れるための努力が必要となります。これがイノベーションの第二の段階です。ここに至ると、機会の分析とは別の、イノベーション実現のための「アイデア」の出番が浮上してきます。

このようにイノベーションのプロセスを整理してみると、「イノベーションのための七つの機会」というものと「アイデアによるイノベーション」とはその出番が違っているのではないかと思われます。

以上を整理しますと、以下のようです。

イノベーションの第一段階――「イノベーションのための七つの機会」と発想転換

イノベーションの第一段階は、イノベーションの機会の開発です。この際に大きな指針となるのは、ドラッカーのいう「イノベーションのための七つの機会」です。

この点についてはすでに本書Ⅱで、一つひとつの機会について具体的に述べておりますので、ここでは繰り返しません。

イノベーションの第二段階――「アイデアによるイノベーション」の役割

イノベーションの実現にとってまず第一に必要なことは、どのようなイノベーションを実現するか、つまりイノベーションの機会を発見することです。しかしイノベーションの機会が定められたとしても、それでイノベーションが具体的に実現できるわけではありません。イノベーションの機会を現実のものにするにはさらにそれを実現するための手立てや装置が必要になります。すばらしいイノベーションの機会も実現のための手立てが打てないため立往生することがたびたびあります。この山を越えなければイノベーションを実現したとはいえないわけです。これがイノベーションの第二段階です。

ここで必要となるのは機会の発見とは別の努力です。ここでは、イノベーションの機会を発見する段階では消極的にみられた「アイデアによるイノベーション」がむしろ積極的な役割を果たすことになります。

2. 「アイデアによるイノベーション」を進めるために

「模倣」の積極的役割

ここでの筆者の関心は、この「アイデアによるイノベーション」を積極的にすすめるためのなにか共通の手法がないのかということです。

「アイデア」というと「思いつき」というイメージが強く、曖昧なものという感じが付きまといますが、アイデアには一つのパターンがあるというのが筆者の理解です。その最大のポイントは、これまでの成果を何らかの形で「借用」する、「転用」するということです。

これは、「模倣」といわれ、これまでどのような分野においてであれ、創造活動における不道徳な行為、禁じ手とされてきたものです。

しかし最近、「模倣によるイノベーション」ということが関心を高め、これまで創造性ということでは対極にみられていた「模倣（イミテーション）」と「イノベーション」の関係が問題にされるようになってきています。それは、イノベーションといわれるものにも何らかの程度においてこれまでの成果からの「模倣」が作用しているという事実があるからです。

近年、創造活動における「模倣」の働きを積極的に評価したものに、井上達彦さんの『模倣の経営学』（日経BP社、二〇一二年）があります。井上さんは「創造的だと言われる作品の歴史を丹念に調べれば、必ずといっていいほど、お手本からの学びがあることに気づく」といい、「模倣は高度なインテリジェンスが必要とされる知的な行為」（同書「まえがき」）であるといいます。

また齋藤孝さんは『まねる力』（朝日新書、二〇一七年）で、「模倣こそが創造である」と述べ、「まねる力は生きる力」といっています。

そもそも私たち日本人が今日使っている、日本文化の極め付けともいうべき「かな（カナ）文字」が漢字を基礎にして作られたものであることは周知のとおりです。

「模倣」というといくぶん響きが良くないかもしれませんが、「模倣は創造の母」という言葉もありますように、創造の基礎には模倣というものがあるのです。問題は、すでに評価のある成果をいかにして新しい創造物、イノベーションとして作り上げるかという能力にかかっているのです。

「模倣」の二つの方法――「借用（転用）」と「類推」

このように、これまでの成果を何らかの形で借用する、転用する、模倣によるイノベーションをつくりだすのには二つの道があるように思います。

第一は、すでに評価のある成果を徹底的に実践することによって、その成果が秘めている新しい可能性を探りあて、それを実行することです。それは、文字通り「借用」とか「転用」といって

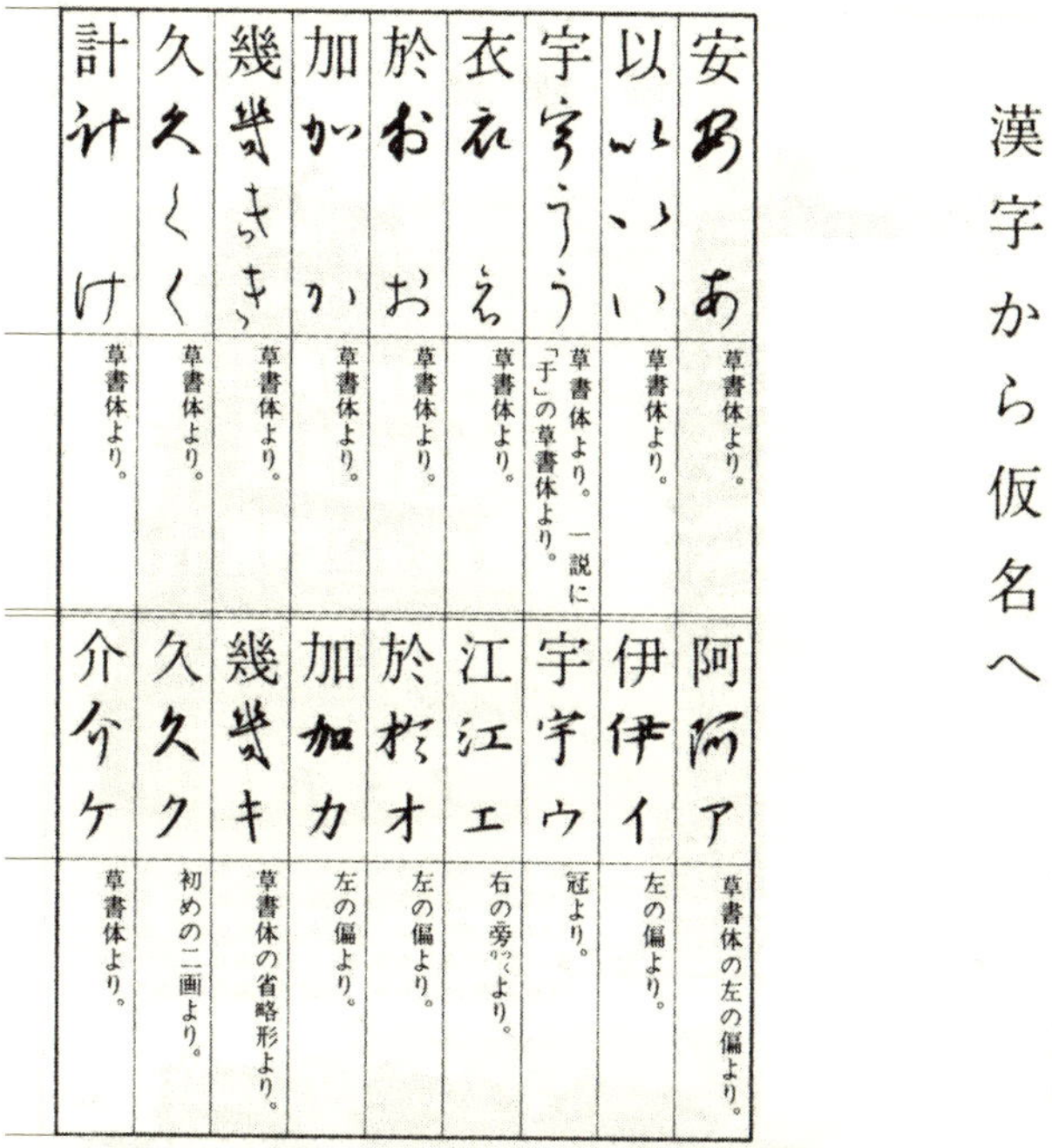

漢字	ひらがな	由来	漢字	カタカナ	由来
安	あ	草書体より。	阿	ア	草書体の左の偏より。
以	い	草書体より。	伊	イ	左の偏より。
宇	う	草書体より。一説に「于」の草書体より。	宇	ウ	冠より。
衣	え	草書体より。	江	エ	右の旁（つくり）より。
於	お	草書体より。	於	オ	左の偏より。
加	か	草書体より。	加	カ	左の偏より。
幾	き	草書体より。	幾	キ	草書体の省略形より。
久	く	草書体より。	久	ク	初めの二画より。
計	け	草書体より。	介	ケ	草書体より。

※以下省略

「漢字から仮名へ」:『角川新字源』(284版、1988年、角川書店) 付録より

いいかと思います。

先ほど例に挙げた、漢字を使って「かな（カナ）」という独自の文字文化をつくり出したケースは、まさに借用によるイノベーションいっていいのではないかと思います。カナ文字の創造は、みごとな漢字文化の借用の成果です。

このような借用によるイノベーションの評価の難しいところは、単なる模倣（物まね）とイノベーションの境目が見えにくいことです。始まりは単なる模倣であっても、それが徹底して使い込まれ、元になったオリジ

ナルを超える成果と評価を得たとき、それは初めてイノベーションを実現したといわれるのかと思います。

もう一つは、「類推(アナロジー)」というものです。

『アナロジー思考』(東洋経済新報社、二〇一一年)を著わした細谷功さんは著書の中で、「新しいアイデアは『借りてきて組み合わせる』ことで生まれる。ではどうやって既存のアイデアを『借りてくる』のか?そこで用いられるのがアナロジー思考である」といっています。ここには私が今いおうとしたことが集約されています。

そのような目で周りを見回してみますと、「類推(アナロジー)」によって生み出されたアイデアが幾多発見できます。

日本の戦後産業史を飾るトヨタ生産方式は世界の自動車製造技術を大きく変革するものでしたが、川下の部品消化がラインを引っ張る、後工程プルのトヨタ生産方式は、スーパーマーケットの店頭における商品供給の仕組みから学んだものでした。

また最近人気の回転ずしの仕組みは、ビールの詰め作業がヒントになったといわれています。

これらのケースについていってはより具体的に説明します。

3.「借用（転用）」のケース

ケース1：仮名文字の開発

すでに評価のある成果を徹底的に実践することによって、その成果が秘めている新しい可能性を探りあて、それを実行する「借用（転用）」は、模倣のもっともポピュラーなものでしょう。先ほども触れましたように、「借用（転用）」のケースを代表するものは、日本文化の独自性の原点ともいうべき「かな（カナ）文字」の開発ではないかと思います。

日本の「かな（カナ）文字」が中国の漢字を使って作られたことは、あまりに有名な事実です。「かな（カナ）文字」の開発は周知のように、漢字の音を使い、日本語を表現する「万葉仮名」から始まりました。こうして万葉仮名として使われた漢字がさらに進化して「かな（カナ）文字」が誕生することになりました。

その際二つの流れがありました。一つは万葉仮名として使われた漢字の字画の一部（偏とか旁など）を独立させる流れです。たとえば「伊」↓イ、「宇」↓ウ、「江」↓エ、という具合です。これは字画の省略化の方向ですが、ここから「カタカナ」が生まれました。

もう一つは、万葉仮名として使われた漢字の草書体化とそれの平易化の流れです。たとえば「安」↓あ、「仁」↓に、「礼」↓れ、といった具合です。この漢字の草書体化から「ひらがな」が生まれたことは周知のとおりです。

このような、漢字からカナ(かな)文字の誕生は、平安時代、万葉集の編纂以後徐々に進んだものと思われますが、これは日本文化における重要なイノベーションでした。このイノベーションは、先立つ成果(文字形成史上の成果としての漢字の成立)を基礎とし、これを使いこなしつつ、これをまったく新しい文字文化に変容させたのであり、先立つ成果の「借用(転用)」によるイノベーションの典型例として挙げることができるように思います(大島正二『漢字伝来』岩波新書、二〇〇六年、参照)。

ケース2:セブン‐イレブンの開発

一転してビジネス世界のケースですが、セブン‐イレブンの今日もまた「借用(転用)」によるイノベーションの成功例です。

セブン‐イレブンは株式会社セブン&アイ・ホールディングス前代表取締役会長&CEO(二〇一六年まで)の鈴木敏文さんが一九七三年に、株式会社イトーヨカドー傘下で設立したコンビニエンスストア、セブン‐イレブンが始まりですが、それは日本で最初のコンビニエンスストアの試みでした。

その発想は、もともとイトーヨーカドー社の社員だった鈴木さんたちがイトーヨーカドー社長

(当時)伊藤雅俊さんの命で米国での新しい小売業態の調査研究を試みた際の、米国セブン‐イレブンとの出会いに端を発しているといわれています。一九七〇年代はじめ、鈴木さんが米国での小売業立地の新しい実態を直に確かめるために広大な米国中部を自動車で旅行中に、街道沿いにたびたび見かける周知の「7-ELEVEN」のマークの付いた小店舗が気になりました。調べてみると、その背景にあるテキサス州ダラスに本部をおくサウスランド社という小売業のチェーンに行き当たります。街道沿いで時々行き当たる「7-ELEVEN」はこのサウスランド社の傘下で繋がっていることがわかります。

鈴木さんはこの小店舗のチェーン業態がこれまでのスーパーマーケットに代わる小売業の新しい業態ではないかと感づき、早速サウスランド社とライセンス契約の交渉に入ります。交渉は難航しましたが、ライセンス獲得に成功し、一九七三年一一月株式会社ヨークセブンを設立してサウスランド社とライセンス契約を締結、翌七四年五月東京都江東区に第一店「豊洲店」の開設に漕ぎつけます。

その後のコンビニエンスストアの普及発展は周知のとおりですが、このコンビニエンスストアという小売業態は日本に普及する過程でその管理の様相を大きく変え、日本伝統の生産方式にも似た独特の、精緻な管理方式を備えるものに進化していきました。それはもはやもともとの米国のコンビニエンスストアとは次元の違うシステムをもった業態となりました。一九九一年には本家米国でセブン‐イレブンを展開していたサウスランド社が経営不振に陥った際には、セブン‐イレブン・ジャパンとイトーヨカドーがサウスランド社を子会社し、日本流の商品管理システムの導入などで立て直しに成功するということにもなりました。

このような経過を見てみますと、日本におけるコンビニエンスストアの発展は、もともとは本家米国のそれを「借用（転用）」したものではありますが、この間の日本での発展は本家を超え、事実上新しいイノベーションをもたらしたといえます（川辺信雄『セブン・イレブンの経営史』有斐閣、二〇〇三年、NHK放送番組「プロジェクトX——挑戦者たち27回日米逆転（コンビニエンスとアを作った素人たち）」二〇〇〇年一〇月三一日放映、を参照）。

4．「類推」のケース

ノーベル賞受賞者、湯川秀樹さんの「類推」の薦め

私が認識の方法としての類推というものの大切さに気づかされたのは、日本初のノーベル賞受賞者湯川秀樹さんのエッセーでした。

湯川さんには『自然』という科学雑誌、一九六四年一〇月号に書かれた「科学者の創造性」とい

うエッセーがありますが、このエッセーを読んだとき、類推という認識の方法があるということを知り、このような認識方法に関心をもつことになりました。

通常物事の認識には演繹と帰納という二つの論理的方法があることが知られています。

この点について湯川さんは、次のように論じています。

「一口に理解力といわれているものの中には、いろいろな要素が含まれていますが、合理的な思考能力をその中でも重要なものと考えてよいでしょう。それをさらに狭く考えますと、論理的、特に演繹的論理思考力ということになります。ある前提から出発して、理詰めで結論をだす。こうだからこうだ、という推論を積み重ねていく。これは創造性を発揮するための土台、あるいは道具として大変大切なものでありますが、それだけでは足りないのであります」（湯川秀樹他著「科学者の創造性」『自然』一九六四年一月号、一六三ページ）と述べています。

そのうえで、「人間のいろいろな知能、頭の働かせ方の中で、誰でもある程度そういう能力を持っておって、しかも創造的な働きと一番つながりがありそうに思われるのは、類推という働きであります」（同上誌、一六三ページ）と述べています。

さらにその類推というものについて、湯川さんは「直観」というものが大きく関わっているとして、次のように述べます。

「もう一度、人間の持つ類推の能力について考えて見ますと、それは明らかに『直観』といわれるものと密接な関係を持っています。よくわからないものを理解するために、それと似ているだろうと思われる、もっとよくわかったものを持ってくる。よくわかったものというのは多くの場合、それについての直観的なイメージを私たちがすでに持っているものなのです。」(同上誌、一六五ページ)

さらに原子というものを理解するために、太陽系の構造についての理解が役立ってきたことを例にしながら、「直観的に把握するということは、各部分をばらばらのものとしてではなく、全体として、あるまとまりをもったものとして掴むことであります」(同上誌、一六五ページ。以上、引用は、同上誌より)と述べています。

こうして湯川さんは、物理学研究の経験から、物事の理解のためには①演繹や帰納のような論理的な思考だけではなく、類推という思考の働きが大きな役割を果たすこと、②さらに類推という思考には人間の直観というものが大切な働きをしていること、を強調しています。

私自身は、このような湯川さんの考えに触れたことで、アイデアによるイノベーションというものが類推と直観をとおしてよりシステマティックなものとして理解されうるのではないかと考えるに至りました。

「類推（アナロジー）」の応用

そのような中で、先にも取り上げました細谷功さんの『アナロジー思考』（二〇一一年、東洋経済新報社）は、類推という思考作用を実践的に取り上げるのには、格好の高著です。

細谷さんはアナロジー思考のエッセンスを以下のような諸点にまとめています。

・「アナロジーとはまったく関係のない世界から『借りてくる発想』のことである。」（細谷功『アナロジー思考』五一ページ）

・「借りる先の世界は借りてくる世界から遠ければ遠いほど斬新な発想が得られる。」（同上書、七九ページ）

・「アナロジーとは『穴埋め問題』のようなものであり、一つの世界で既知のことを利用して他の世界での未知のものに対応して知見を得ることができる。」（同上書、七九ページ）

・「アナロジーに必要なのは『構造的類似』という考え方であり、表面的類似とは類似のレベルが異なることを意識することが重要である。表面的類似とは、『属性レベル』の類似である。」（同上書、八四ページ）

・ところで「構造的類似」とはなにか。それは「複数の事象の『関係性』に関する類似のことであり、表面的類似に比べて見つけるのが難しい分、その価値も大きい。」「構造的類似を見

抜くために、関係／構造の基本パターンを頭に入れておく必要がある。」（同上書、一一四ページ）

・「アナロジーに必要な構造的類似を見つけるには『抽象化思考力』が必須の能力であり、一般化やモデル化によって共通点を見つけることが重要である。」「抽象化レベルが高いほど、『遠くの世界から』アイデアを借りてくるが可能となる。」（同上書、一五〇ページ）

これらのことを理解するのに、いちいちを抽象的に説明することはあまり効果的とはいえません。いろいろな実例で理解するのがもっとも効果的です。ここでもいくつかの具体例をあげて説明します。

ケース1：トヨタ生産方式の開発

その代表の一つは、日本の自動車産業を世界に冠たるものに押し上げたトヨタ生産方式（ジャスト・イン・タイム方式）です。このシステムの基礎になっている流れ作業そのものは二〇世紀初め米国フォード社が開発したものです。この当初開発された流れ作業の前提にあったのは、基本的に同じ仕様の自動車をまとめて大量に組み立てるということでした。それは同じ仕様の車を市場に送り出すというプロダクション・プッシュの考えであり、そのような均質の大量消費マーケットが前提となっていました。それは実際に自動車草創期の米国市場の状況でした。

しかし、市場が成熟し、同じモデルの車でも多様な仕様の車が求められるようになってくると、これまでのようなプロダクション・プッシュの生産ラインでは市場の多様な動きに次第に対応しにくくなってきました。また市場の規模が米国のように大きくない日本では、一つの流れラインを多様なニーズに対応するように活用する必要がありました。

いずれにしてもこのような中で、かつてのプロダクション・プッシュ型の生産ラインを市場対応型の、マーケット・プル型のラインに再編成することが必要になってきていました。

しかし、多様な仕様の部品の組み立てを一つのラインの中で連続的に実現するという課題は、部品の在庫管理問題とぶつかり、難題でした。

これを解決したのが、「後工程が使っただけの部品を前工程が補充していく」、トヨタ生産方式と呼ばれるものであったのですが、これは前工程プッシュ型の米国型生産方式とは逆発想のイノベーションでした。

ところでこの、後工程が使っただけの部品を前工程が補充していくというマーケット・プル型の生産方式はフォードから学んだものではなく、全く畑違いのスーパーマーケットから学んだものでした。一九五五年ごろ、トヨタ自動車の後の副社長大野耐一さんの一行がGMやフォードなどの米国の自動車産業の視察に出かけた際、たまたま立ち寄ったスーパーマーケットの店頭での商品補充方式からヒントを得たと語られています（当時はまだ日本にスーパーマーケットはありませんでした）。米国のスーパーマーケットの店頭商品管理からの「類推」が世界に冠たる日本の自動車産業のイノベーションを創り出したわけです（大野耐一『トヨタ生産方式』一九七八年、ダイヤモンド社、を参照）。

ケース2：回転ずしの開発

今日巷で人気の、最近では世界にも広がりを見せるようになった回転ずしの仕組みもまた、巧みな「類推」からのアイデアが生み出した傑作です。

回転ずしは、戦後間もなく一九五八年に、東大阪のすし屋さん、元禄産業の創設者、白石義明さんが開発したものですが、ビール工場で行われているコンベアでの瓶詰作業をみて発案したといわれています。白石さんは多数の客の注文を低コストで効率的にさばくことを目的として「コンベア旋回食事台」を考案し、人気をえました。

ケース3：アスタリフトの開発

富士フィルムの女性のスキンケア化粧品、アスタリフトの開発の例はその着目点の見事さで、「類推」によるイノベーションの一つのモデルでもあります。

一九九〇年代末からのデジタルカメラの普及により、富士フィルムはそれまでの主力商品、写真フィルム事業が急速に細っていく中で、これへの対応策が急がれていましたが、このような事業環境激変への対応策の一つとして打ち出されたのが医療、健康分野の強化であり、その中で登場したのが化粧品でした。アスタリフトは二〇〇七年九月に発売されました。

この製品開発の面白さは、フィルムと人間の肌の成分の類似点に着目したことです。フィルムと肌の類似点は、フィルムの主成分はタンパク質のコラーゲンですが、肌（皮膚）もまた同じ成分からできているということです。

写真フィルム事業に専念してきた富士フィルムには、このフィルムの色あせ対策で蓄積した抗酸化技術がありましたが、これを人の肌の劣化防止に応用できないかと考えた（「類推」した）ところがみそです。

もう一つ、この製品を売り出す際、これが富士フィルムの製品であることを強調したことです。化粧品と写真フィルムはまったく別の商品分野なので、写真の富士フィルムの製品であることを前面に出すと売れないのではないかという意見がある中で、敢えて富士フィルムのブランドを強調したのが成功しました。アスタリフトは四〇代の女性をターゲットにしていますが、かつてフィルムに親しんだこの年齢層の女性には富士フィルムのブランドの馴染みが強く、信頼性が高かったことがプラスに作用したのです。この点でも、消費者の「類推」力（富士フィルムなら安心という）をうまく利用したといえます（池原輝雄「ヒットメーカーの舞台裏 180」『ＷＥＤＧＥ』二〇〇九年四月号、を参照）。

富士フィルムはこのアスタリフトの開発後、写真フィルム事業で蓄えた化学資源を再開発して、化粧品業界で短期間で存在感を高めていきます。

私の経験1：立命館におけるびわこ・くさつキャンパス（BKC）の開発

立命館の歴史においてBKCの開発はきわめて大きな意味をもつものでしたが（本書Ⅲを参照）、当初目的とした理工学部の移転は一九九四年春、キャンパスそのものの開設と同時に実現しました。

しかし理工学部の移転後、整備された新キャンパスBKCと、依然として混雑状況の続く衣笠キャンパスとのアンバランスをどうするかということが課題になりました。そこでこの課題を解決するために、さらに衣笠の二学部を新キャンパスに移転しようということになりました。しかし既存学部のキャンパス移転ということはどこの大学でもなかなかの難題でした。その合意形成はどこでも難航するのが通例でした。立命館大学も例外ではありませんでした。

しかし、立命館大学ではこの課題を一九九八年四月、経済学部と経営学部の二学部、学生数約七、〇〇〇名の一挙移転で解決したのですが、このような大規模で複雑な課題を立命館は比較的にうまく短時間で解決したというので話題になりました。当事者として振り返ってみて、このような事業が比較的順調に運んだのは、すでに新キャンパスで展開している理工学部に結合して新キャンパスをどのようなキャンパスとして完成するかという点で、その理念、ミッションが比較的にスムーズに合意できたからだといえます。

結論からいえば、新キャンパスを文と理の融合したキャンパス、つまり「文理融合のキャンパス」を目指そうという合意が直接当事学部となった文系の二学部、経済学部と経営学部と理工学部で形成されたということです。

今日の人材育成においては、文系は文系、理系は理系ということではなく、文と理の能力を備えた人材の育成は特に高等教育の彼岸です。現実には難しいこととは理解しつつ、そのような彼岸を目指そうという理想を理工学部と経済、経営の文系学部が共有しえたことが大規模既存学部のキャンパス移転という大きな判断を動かしたといえると思います。

ところで、このような「文理融合のキャンパス」という新キャンパスの理念、ミッションの形成を考えるうえで大きなモデルとなったものがあります。それは、米国の有力大学ＭＩＴ（マサチューセッツ工科大学）でした。多くの大学関係者が知るように、ＭＩＴは理系はもとより、経済学分野でも数々のノーベル賞受賞者を輩出するような一級の大学（キャンパス）です。「ＢＫＣをＭＩＴのようなキャンパスにしよう」という呼びかけで、抽象的に「文理融合キャンパスを」という呼びかけをするのではなく、関係者が明瞭にイメージできる形で理念の共有をよびかけたわけです。それが容易に実現できるとはだれも思わなかったと思いますが、しかしそのような高等教育の彼岸を共有することが新キャンパスに向けて心を一つにできたということです。

これは理念とミッションの中身を実現したという例ではありませんが、そのような理念とミッションを「借用（転用）」することでそれに向かう条件づくりに踏み出した身近な一つのケースです。

私の経験2：大学コンソーシアム京都の構想

大学コンソーシアム京都は、多分この種のものでは日本では一番大きなものですが、一九九三年に立ち上がりました。京都には（厳格に京都市、京都府だけでなく、周辺も含めて）当時も今も約五〇の大学、短期大学がありますが、大学コンソーシアム京都は国立、公立、私立を問わず、そのほとんどすべてを包摂する珍しい組織です。

ここでは、大学間の（ここで大学という場合は短期大学も含む）の単位互換制度を中心に、大学間での学生相互の様々な共同活動への支援や市民への文化活動、教育活動の提供など多面的な連携活動を展開してきています。「大学のまち交流プラザ」がそのような活動の中心を支えています。

京都でこのような大学連携組織が構想されるきっかけとなったのは、京都市が音頭をとり、大学サイドと共同で作成することになった「大学のまち・京都21プラン」です。一九九二年のことです。このプラン作りには、二一世紀にむけて京都のまちを「大学のまち」として世に打ち出したい、さらにそれをこれからの時代の大学連携の世界的なモデルにしたい、という意欲が溢れていました。その背景には、一八歳人口が一九九二年の二〇五万人をピークに減少期に入りしばらくは増勢に転ずる見込みがないという社会背景がありました（このような状況は今も続いています）。これまで大学のまちを標榜してきた京都でしたが、このような人口見通しに危機感を募らせ、大学のまちを再生するための施策を打ち出そうと考えたわけです。

他方大学側にも、同様に一九九〇年代以降の取り巻く情勢は厳しく、大学の未来が語られると き合い言葉のように話題になるのが「大学冬の時代」の到来でした。このこともあって、政府の高等教育改革の動きも急ピッチで、一九九二年、日本の高等教育改革史上で画期的な、「大学設置基準の大綱化」、つまり大幅な自由化が打ち出されました。

こうした一八歳人口の急減期を迎えるということを共通の背景にした京都市と大学の危機感が、上のような「大学のまち・京都21プラン」の作成に向かわせることになりました。

ところで、このような連携組織づくりについて、これまで何かモデルがあったわけではありませんでした。数個程度の大学が連携して何かをするということはあったかもしれませんが、五〇もの地域の大学が連携して各大学の教育、研究の支援活動の仕組みをつくりだそうという試みは初めてのことでした。

このようなことで関係者がブレーンストーミングしたとき、「類推」から出た大学連携の、一つのイメージがありました。それは、一九八〇年代末～九〇年代初頭当時、大きく動き始めていた国際政治・経済の世界での動きでした。その筆頭は、一九八九年ＡＰＥＣ（アジア太平洋経済協力会議）の発足でした。さらに、ＥＵ（欧州連合）結成の動きでした。ＥＵは一九九三年に結成されました。また当時は、ＡＦＴＡ（ＡＳＥＡＮ自由貿易地域）やＮＡＦＴＡ（北米自由貿易協定）など、貿易自由化のための地域協定の動きが盛んに動き出していました（両者とも一九九二年に発足）。

このような国際社会での、国家間での経済的、政治的な連携の動きは、一地域での大学間の連携とは直接関係のないものでしたが、そのような動きはこれまで連携関係の薄かった者同士の世界での新しい動きとして刺激的なものでした。

それでは大学の連携で何をやるのかということになったとき、まず第一に、大学の基本機能である授業の共通化、具体的には単位互換が実現できないかということが話題になりました。もしこれが実現できれば、京都にはそれぞれの大学と同時に、それぞれの大学にとっての「もう一つの大学」ができるのではないか、これは京都ならではの教育環境になり、大学のまちづくりの独自の魅力になるのではないかというように、夢が広がりました。

京都に立地する大学にはそれぞれ特色がありますが、とくにその宗教的背景には多様なものがあります。そのような背景を生かした宗教関係の授業は、そのような背景を持たない大学からすると、魅力的なものです。そのような授業を単位互換という仕組みで他大学からも受講できるようになることは、たいへん魅力的なものに感じられました。

このような雰囲気の中で、一九九三年には二八の大学が五一の科目を提供するという単位互換がスタートすることになり、のちに(一九九八年に)「大学コンソーシアム京都」に発展する京都・大学センターという大学連携組織が生まれることになりました。そしてその発想の基礎には、当時の政治・経済の国際連携の動きが「類推」として反映していたということです。

※ 本章は、ドラッカー学会年報『文明とマネジメント』Vol.14, 2017に掲載された論文「イノベーションの二つの段階――『アイデアによるイノベーション』の役割」をリライトしたものです。

V. 公的機関の改革をいかに進めるか

——大学のイノベーションとドラッカーの警鐘

はじめに――公的機関におけるイノベーションの必要と難しさ

ドラッカーの『イノベーションと企業家精神』は「イノベーションのための七つの機会」論をはじめ、これまでになかったイノベーションの実践論として、これまで多くの人々から評価されています。数あるドラッカーの著作の中でも広く愛読されている著作の一つでしょう。私自身、ドラッカーの「七つの機会」から多くの示唆を得ました。

しかし、私が本書から受けた影響の最大のものは、本書第一四章の表題でもある「公的機関における企業家精神」でした。本書および、その先駆けをなした『マネジメント』第Ⅰ部の「公的機関の成果」は、大学の管理運営に携わった私にとって、いわば精神的指針でした。

一般に、政府機関や学校、各種慈善団体などの社会的機関の管理運営は、営利組織としての「企業とは異なる」という通念が働いてきました。それは、現状を積極的に改革することに対する強い抵抗としても作用してきました。この二〇年の間、世界的に社会的機関の「民営化」が大きく進んできましたが、それでもこの通念は根強いものがあります。なによりも、公的機関内部の構成員には、「公的機関は企業とは異なる。企業のようなイノベーションは馴染まない」ということの意識がまだ強く残っています。この点は、教育の世界では、経営が民営である私立大学・学校でも変わりません。

集積する日本の公的機関群

　このような中にあって、「公的機関も、企業と同じように、企業家としてイノベーションを行わなければならない。いや、むしろ企業以上に企業家的であることが必要である」（Drucker, 1985：邦訳、二〇七ページ）というドラッカーのイノベーション論、とくに「公的サービス機関における企業家精神」論に出会ったことは、私自身を大きく勇気づけてくれるものでした。

　ドラッカーは、「公的機関も、企業と同じように、企業家としてイノベーションを行わなければならない。むしろ企業以上に企業家的であることが必要である」としつつ、さらに、「公的機関がイノベーションを行うことは、最も官僚的な企業と比べてさえはるかに難しい」といいます。そして、それは、「既存の事業が企業の場合よりもさらに大きな障害となる」からであ

るといっています。（以上、同上書、二〇七ページ）

ドラッカーは、公的機関が企業の場合よりも、既存の事業がイノベーションの障害となる理由として、三つの点を挙げています。（同上書、二〇九～二一一ページ）

第一は、「公的機関は成果ではなく予算にもとづいて活動する」組織であって、売上げの中から代価が支払われる組織ではない、ということである。このような組織では、予算規模こそが組織成功の指標となるのであり、予算規模の縮小につながる組織活動の縮小、削減には大きな抵抗が生ずる。

第二は、「公的機関は非常に多くの利害関係者によって左右される」ということである。公的サービス機関には、企業の場合のように、自分たちがそこから支払いを受ける売上げというものがない。したがって、企業の場合には結局、消費者の満足が優先し、基本的にその関係の成功が他の関係者の満足を導くことになるが公的機関の場合には、そのような核になるものがなく、すべての関係者を満足させなければならない。どのような組織においても、新しいことの導入は利害関係者の論議を呼ぶが、それをすべての関係者の満足のいくようにすすめることはなかなか難しい。

第三は、これが実はもっとも重要な理由であるが、「つまるところ、公的機関は善を行うために存在する」ということにある。このことは、公的機関は、自らの使命を道義的な絶対とし費用対効果の対象とはみなさない、ことを意味する。したがって、公的機関に対してイノベーションを推進し、何か別のことを行うよう要求するならば、それはその機関の存在理由、理念に対する攻撃として反撃を受けることになるという。そしてこれが、公的機関のイノベーションが、なぜ既存の機関から生まれ難いかを説明する最大の理由であるという。

1．迫られる大学のイノベーション

大学は、ドラッカーがいう「公的機関」を代表する存在です。したがって、それは企業と同じように、企業家としてイノベーションを行わなければならない。むしろ企業以上に企業家的であることが必要である。と同時に、それがイノベーションを行うことは、企業と比べてはるかに難しい仕事である。そして、それには、既存の事業が企業の場合よりもさらに大きな障害となる、ということになります。

今日大学の管理運営に関わる多くの人々は、程度の差はあれ、このようなドラッカーの警告を身にしみて実感しているといってよいでしょう。

その背景にあるのは、今日の日本の大学をめぐる環境の大変化と、それに伴って浮上しているる新しい課題です。

一八歳人口減少と「大学全入時代」、大学間「大競争時代」の到来

第一は、日本の一八歳人口の急減が大学教育の質や大学経営に及ぼす影響です。

日本の一八歳人口は、一九九二年に二〇五万のピークを迎えた後、減少期に入り、二〇一〇年度には一二二万まで落ち込みました。さらにこのような現象の趨勢は継続しており、今日の時点では趨勢逆転の目途は立っていません。

このような動向の中で、「二〇一八年問題」といわれる言葉が大学経営と教育両方の世界で話題になってきました。二〇〇九年ころまでは、一八歳人口は減り続けていたものの、大学進学率が伸び続けていたので、大学進学者の人数は増え続けていました。しかしこの傾向も長続きはせず、二〇一七年ころまでの横ばい期のあと、二〇一八年以降は一八歳人口の減少が続き、さらに大学進学率もそれほど伸びなくなってきているということで、一八歳の大学進学者の絶対数自身が減少に入ってきていきます。予ねてからいわれてきた「大学全入時代」がいよいよ現実のものになりつつあるのです。日本の大学もいよいよ本格的な、マーチン・トロウのいう「ユニバーサル化時代」を迎えているともいえます。

このことは学生定員を充足しなければならない大学の経営を直撃することになります。現時点

（二〇一七年現在）ですでに私立大学の約四割が定員割れの状況にありますが、二〇一八年以降はこれがいよいよ深刻な問題になる可能性があります。またこのような状況に対応する大学教育のあり方も大きく変革を求められることになります。これが、大学関係者の間で「二〇一八年問題」といわれてきたものです。

このような時代を見越して、二〇〇三年度には「学校教育法」の改正が行われ、一定の要件を満たす学部等の設置は「届出制」とするように変更されました。これによって、学部や学科の設置は、各大学の自由裁量で実施しやすいものとなりました。

このような状況の中で、各大学は従来の学問分野の枠組みにこだわらないより社会的ニーズ志向の、ユニークな学部・学科の設置をすすめています。その結果、一八歳人口が減少するなかにあっても、積極的な学部・学科、大学院研究科の設置が展開しており、大学存立の大前提となる志願者の確保にむけた改革競争が急速に進展しています。

このような大学間競争に拍車をかけているのは、政府の高等教育制度改革の最大の眼目であった、国立大学の法人化でした。国立大学の法人化は、行財政改革の一環として位置づけられ、これと並行して進展した大学審議会や総合科学技術会議の論議に大きく影響を受けつつ、これまでの国立大学の運営モデルの大改革をスタートさせました。

国立大学法人の新しいガバナンスの特徴は、第一に、学長が大学運営に強力なリーダーシップの発揮できる構造が保障されていることです。各種会議は審議機関とされ、基本的な決定権は学長が有することになっています。第二に、中期目標と第三者評価の二つの仕組みによって、自律的に改革を行わざるを得ない仕組みが整えられていることです。第三者評価の前提となる中期目標の策定と、これにもとづく実行が、予算配分と連動されるという仕組みのもとで、改革の実施がいやおうなく促進されるシステムがビルドインされています。このような新しい仕組みのもとで、現在国立大学法人は、年次的に削減される経常予算に対して、かつて経験したことのないスクラップ・アンド・ビルドが取り組まれています。

このような国立大学法人の改革の積極的、かつ急速な改革の展開は、当然のこととして私立大学の存立にも大きな影響をもたらしています。いまや日本の大学界は、かつて経験したことのない、国公立、私立を巻き込んだ、熾烈な大学改革と「大競争時代」に突入しています。

国際通用力と競争力の強化

第二は、さらに大きな、日本の大学がおかれている国際環境の変化です。

今日、高度な知識人材の確保が各国の国策として必須の課題と認識されるようになっています。同時に人材の国際的流動性が高まってくるとともに、各国の高等教育政策、研究振興政策および個別大学の各レベルで、国際舞台での人材確保の競争が熾烈さを増しています。

とくに欧米先進諸国は、発展途上諸国とは対照的に、若年層人口が停滞ないし減少傾向に入りつつあります（周知のとおり日本も同様）。この中で、人口急増地域、とくにアジア諸国・地域を対象に、優秀な若者には経済的には相当な優遇条件を提示するなど、激しい大学・大学院入学者獲得競争に乗り出しています。

このような状況の中で、アジア地域の政府および各大学では欧米に流出する優秀な人材を国内で教育し、研究人材として育成する条件を高めるためにも、政府レベルでの高等教育政策、研究振興政策の積極的展開を進めています。もとより個別大学レベルでも教育・研究の国際化を急ピッチで展開しています。

このように大学をめぐる国際環境が急速に変動する中で、日本の大学の国際化はこれまで相当遅れをとっているといっても過言ではありません。

私自身は、一九九〇年代後半から、学生の半数、毎年四〇〇名（当時）の国際学生を受入れる国際大学、立命館アジア太平洋大学（ＡＰＵ）開設準備のためにアジア全域で行動しましたが、その経験でいえば、この地域での若者にとっての日本の大学の知名度、存在感は惨めなくらい低いものでした。なによりも屈辱的であったのは、日本の大学では日本語だけで教育がおこなわれているという閉鎖性と相俟って、そもそも日本の大学教育の対する信頼性が極端に低いことでした。

もとより二〇〇〇年以後日本の各大学の国際化が大きく動き出し、状況は変わってきています。日本の大学の知名度や存在感も高まってきています。しかし、国際化を叫びつつも、依然として教育を日本語のみによっている日本の大学は、国際舞台から見れば、きわめて閉鎖的な社会とみられていることは、基本的に変わっていません。

しかし、日本の大学がこれから活路を拓いていこうとすれば、このような高等教育と研究活動の国際舞台の展開と切り結んでいかなければならないのであり、それに相応しい国際レベルの経営感覚、経営行動を組織的にも、個人的にも身につけていくことが求められているのです。日本の大学にとって、「国際的に通用力と信頼性があり、国際的に評価される大学」づくりが急務なのです。

その際、決定的に大切と思われることは、第一の日本国内レベルの課題を狭く国内的な視野だけで解決を図ろうとするのでは、早晩大きな限界に立ち至るであろうということです。国内的な課題とみえることをそのレベルの視野に止めて解決を図ろうとするのではなく、絶えず第二の国際的な環境変化への対応の課題として解決を図ろうとする取組みが必要であり、そのような取組みこそが大学の将来の創造的な戦略を作り出すことになります。

このような大学をめぐる国際環境の変化に対応する政府・文部科学省の政策展開として、二〇〇八年から国際化拠点整備事業、いわゆる「グローバル三〇」プロジェクトの取組みが開始されました。「グローバル三〇」プロジェクトは、二〇二〇年代初頭までの国際学生の受入れ三〇万名を目標とすることを前提に（二〇一七年現在は約一九万名）、現在一三の大学を留学生受入れと教育の国際化の拠点大学として指定し、大学の国際競争力の強化のために財政支援などを実施するとしたものです。

さらに二〇一四年からは、「スーパーグローバル大学」創成支援事業がスタートしました。これには、世界レベルの研究を行う「トップ型」一三大学と、日本の大学のグローバル化を牽引する「グローバル牽引型」二四の大学が認定され、日本の大学のグローバル化を牽引する役割を担うことになっています

「教育の質保証」システムの構築――「教育」という事業における改革の難しさ

このような日本の大学をめぐる環境変化の中で、一方では大学ユニバーサル化時代に相応しい学部教育のあり方が問われています。学生の実態に相応しい「学びと成長」のための教育システムの構築が求められています。また一方、国際化時代に求められる日本の大学教育の国際的通用力の構築が問題となってきています。国際的互換性のある教育システムの形成が求められてきています。いずれの側面からも、日本の大学の「教育の質保証」をいかに進めるかという課題が浮上してきているのです。

このような状況のもとで、二〇〇二年一一月、学校教育法の改正により、各大学における教育、

管理運営における自己点検・評価の実施と公表、および外部認証評価機関による認証評価の義務が定められました（この認証評価制度は二〇〇四年度より施工された）。

この学校教育法六九条の三は、次のように定めています。

「大学は、その教育研究水準の向上に資するため、文部科学大臣の定めるところにより、当該大学の教育及び研究、組織及び運営並びに施設及び設備の状況について自ら点検及び評価を行い、その結果を公表するものとする。

2　大学は前項の措置に加え、当該大学の教育研究等の総合的な状況について、政令で定める機関ごとに、文部科学大臣の認定を受けた者による評価をうけるものとする。」

これは、大学における「教育の質保証」システムの形成に向けて一つの大きな画期となりました。

しかしこの間、社会の大学教育に対するニーズが変化し多様化するなかで、現在の教育システムや内容が実際の社会的な要請、学生の「学びと成長」の期待に応えているかどうかという論議が絶えず繰り返されてきました。しかし、その改革は、容易に進まないところがあります。

その最大の問題は、大学教育では、教育を直接享受するもの、なによりも学生の実際のニーズとの照合の機会、あるいはメカニズムがきわめて機能し難いということです。教員は組織的にも個人的にも、すでに準備されたシステム（カリキュラム）と内容を前提として授業を進めます。しかし、こうして提供されるシステムや内容が実際に学生のニーズに適合しているかどうかの検証は、なかなかに困難を伴うものです。

ものやサービスの市場世界では、顧客のニーズとの適合の検証は、売れるか売れないかという形で、直接になされます。しかし、すでにあらかじめ約束されたシステムを前提して時間をかけ、体系的になされる教育というサービスの提供では、それが実際に受け手のニーズに適合しているのかどうかの検証は簡単ではないのです。

もちろんこの場合でも、ある一定期間を経過すれば、適合、不適合はおのずから浮かんできます。個々の授業に対する人気もその一つの指標でしょう。しかし、限られた期間（基本的に四年間）で総単位数（現行一二四単位）をそろえるという今日の大学の教育システムのもとでは、それが授業とニーズの適合、不適合の正確な指標となるとはいい難いところがあります。また、大学教育においては、教授する側における高い専門性と経験の蓄積に対して、受け手としての学生の未成熟という本来的な非対称な関係が存在しています。したがって、授業とニーズの適合、不適合の判断は決して容易ではないのです。

このような大学教育をめぐる環境は、残念ながら、組織的にも個人的にも、教育に保守性を蓄積させるところがあります。教育はその仕組みや内容がいったん確立すると、それが人々の日々の営みの蓄積に支えられている度合いが高いだけに、それを容易に変更することには大きな抵抗を伴うことになります。これが、教育のシステムや内容に対して守旧的な態度をとらせます。「教育のシステムや内容はあまり簡単に変えるものではない」という考えが当然のこととして定着してきます。そしてそれがまた、学生の教育ニーズ、一般的にいえば顧客ニーズに対する無感覚を生み出すことになります。

このような状況を打破して、どうして新しい大学ユニバーサル化時代、国際化時代の「教育の質保証」システムを構築していくかが、今問われているのです。

2．ドラッカーの教えは、大学のイノベーションに何を警鐘するか

このような、今日日本の大学教育が直面している課題に対して、ドラッカーの教えは私たちに何を警告しているのでしょうか。

今述べたように、日本の大学は、大きな曲がり角に立っています。社会を代表する「公的機関」としての大学はこの挑戦を乗り切り、教育機関として成果をあげなければなりません。大学は企業と同じ使命をもつものではありませんが、社会を代表する「組織」として、企業と同じように、「企業家としてイノベーション」を行わなければなりません。むしろ企業以上に企業家的であることが必要なのです。しかも、大学がイノベーションを行うことは、企業と比べてはるかに難しい仕

事なのです。

これをいかにして果たしていくか。

公的機関のイノベーションに必要な企業家的経営管理の方法

まずドラッカーは、一般的に、公的機関のイノベーションを可能にするためにはどのような企業家的経営管理の方法が必要であろうかを明らかにしています。この点についてドラッカーは、四つの点を指摘します。（以下、Drucker, 1985：邦訳、二〇七〜二一六ページ）

第一に、「公的機関は明確な目的をもたなければならない。」当該の機関は、なぜ存在しているのか、何をしようとしているのか、をあきらかにしなければならない。

第二に、「公的機関は実現可能な目標をもたなければならない。」つまり、公的機関は本当に実現可能な、最終的に達成を明確に確認できる目標設定を必要としている。

第三に、「公的機関は、いつになっても目標を達成できなければ、目標そのものが間違っていたか、あるいは少なくとも目標の定義の仕方が間違っていた可能性があることを認めなければならない。」ドラッカーは、目標は大義ではなく、費用対効果にかかわるものとしてとらえられなければならない、といいます。

最後に、「公的機関は、イノベーションの機会の追求を自らの活動に組み込んでおかなければならない。変化を脅威としてではなく、機会として見なければならない」、とドラッカーはいう。

またドラッカーは、『イノベーションと起業家精神』に先立って、『マネジメント』の第一四章「公的機関の成功の条件」では、あらゆる公的機関は自らに以下のような六つの規律を課す必要があるとしています。（以下、Drucker, 1974：邦訳、二〇〇〜二〇一ページ）

（1）「事業は何か。何であるべきか」を定義する。

（2）その事業の定義に従い、明確な目標を設定する。

（3）活動の優先順位を検討し、活動領域を定め、成果の基準すなわち最低限必要な成果を規定し、期限を設定し、担当者を明らかにし、成果をあげるべく仕事をする。

（4）成果の尺度を定める。

（5）それらの尺度を用いて、自らの成果についてフィードバックを行う。成果による自己管理を確立する。

（6）目標と成果を照合する。

すでにあきらかなように、ここに示されているのは、今日いわれる、PLAN→DO→CHECK→ACTIONサイクル（PDCAサイクル）の採用です。

ドラッカーはさらに、これらのステップの中で最も重要なのは、第六のステップ（目標と成果の照合）であるとしています。

「企業には、非生産的な活動を廃棄しなければ倒産するというメカニズムがある。市場による競争のない公的機関には、このメカニズムが欠如している。したがって、公的機関において成果のない活動を廃棄することは、苦しくはあっても最も求められる意思決定というべきである。」
(Drucker, 1974：邦訳二〇一ページ)

ドラッカーから学ぶ、大学のイノベーション

公的機関のイノベーションについての、このようなドラッカーの指摘は、すでに明らかなように「マネジメントの発明」とされる一九五四年の『現代の経営』で示された組織運営の指針に立つものです。

ドラッカー・マネジメントの原点である『現代の経営』のエッセンス中のエッセンスともいうべきものは、次の二点です。

第一は、「企業が何かを決定するのは顧客である」(Drucker, 1954：邦訳、四六ページ)という、いわゆる「顧客の創造」「顧客のニーズ」を最重要視する視点です(同上書、第五章を参照)。

第二は、事業が成果を上げるには「自己管理による目標管理」(同上書、一六六ページ)が不可欠であるという視点です(同上書、第一一章を参照)。

これらのドラッカー・マネジメントの基本視点を、大学の今日の実情に即して整理してみると、

以下のようです。

大学に対する「顧客のニーズ」と大学の「事業の目的」

ドラッカーは、事業の原点は「事業の目的は何か」を考えることであり、事業の目的を決定するのは「顧客のニーズ」であるといっています。大学にとっても、「顧客のニーズ」とは何かを考えること、これが第一に求められることです。

大学における「事業の目的」を問われるとき、今日では、関係者が挙って上げる事項は、国公立、私立を問わず、教育、研究、および産学官連携や地域貢献といった社会貢献の三つです。

しかしずっと以前からそうであったわけではありませんでした。社会貢献・地域貢献が大学の事業目的として常識的に意識されるようになったのは、長く見てもこの二〇年のことです。

一九九〇年代を迎えるころでもまだ、とくに産官学連携は大学の積極的な活動としては認識されていませんでした。とりわけ「産学協同」とか「産学連携」は、大学の存立の前提である大学の自治や学問の自由とは相いれないものとして、敬遠されてきました。私自身の本務校であった立命館は、一九八〇年代後半から産学連携に取組み、九〇年代前半には新キャンパスBKCでの理工系学部の移転拡充を契機にその組織的窓口として「リエゾンオフィス」を設けましたが、立命館のこの取組みは、当時かなり例外的なものとして好奇の目でもみられました。しかし、九〇年代半ば以降、政府、当時の通商産業省や文部省が「産業立国」政策のもとに、産官学連携に大きく動き出し、その際、とくに国立大学で軒並み設置された産官学連携の拠点には「リエゾンオフィス」の通称が使われるようになりました。このような動きの中で、大学の新しい活動のあり方として、産官学連携や地域貢献が当然のこととされ、さらにその取組みの積極性、先進性が問われるまでになったのです。

それでは、教育と研究についてはどうであったか。学部学生を擁する大学である限り、「事業の目的」としてこの二つが否定されたことはありません。しかし、教育と研究の位置付け、関係については、やはりこの二〇年の間にかなり大きな変化がありました。

日本の大学の歴史を遡れば、大学は限られたエリート人材の育成機関としてその存在が認識され、勢いそれを裏付ける研究の高さが問われました。そのため、日本の大学では、教育の前にまず研究がおかれる、いわば「研究至上主義」の通念が通用してきました。それはまた、大学院教育の性格も規定し、大学院は少数精鋭の研究者の養成機関と理解されてきました。

このような通念を大きく転換させたのは、一九八〇年代、臨時教育審議会の活動をうけて八七年に発足した大学審議会の諸答申でした。

一九九一年二月、大学審議会の答申「大学教育の改善について」は、大学設置基準の大綱化、とりわけ一般教育、専門教育などの授業科目区分の撤廃を打ち出しました。これによって、各大学がその教育目的達成のために必要な授業科目の体系を科目区分の制約を受けずに自主的に編成するということが可能となり、教育のあり方について各大学が独自の内容を打ち出していくことになりました。このような制度的な改革の背景にあったのは、大学がマス化段階からさらにユニバーサル化段階へ進んでいくという社会状況でしたが、これらが相俟って、大学における、研究とは独自の教育というものの役割を認識させることになりました。

またこれに先立つ一九八八年一二月、大学審議会は大学院の充実と改革に向けて、「大学院制度の弾力化」なる答申が出され、社会人教育・専門職業教育機能の重視、大学院進学・学位取得の容易化の方向が打ち出され、また合わせて、大学院の拡大路線が打ち出されました。これらの政策展開は、これまでの少数精鋭、研究者養成志向の大学院のあり方を大きく転換させることに繋がりました。これらの政策転換の背景には、新しい経済成長をめざす政府の意向と社会の人材ニーズの変化がありましたが、このような動きの中で、大学における教育と研究の位置付け、それぞれの役割の独自性が大きく浮上することになりました。

こうして、一九九〇年代以降の二〇年間に、大学の「事業の目的」として、教育、研究、および産学官連携や地域貢献といった社会貢献の三つの活動がそれぞれ独自の役割を担うものとして確立してきたといえます。

「学生のニーズ」への感度を高めよ――ファカルティ・ディベロップメント（教育開発）への期待

この中で、大学教育をめぐる環境は、残念ながら、組織的にも個人的にも、社会のニーズ、学生のニーズの変化に即応できるように敏速に改革されてきたとはいえないところがあります。教育はその仕組みや内容がいったん確立すると、それが人々の日々の営みの蓄積に支えられている度合いが高いだけに、それを容易に変更することには大きな抵抗を伴うことになります。これが、教育のシステムや内容に対して守旧的な態度をとらせ、「教育のシステムや内容はあまり簡単に変えるものではない」という考えが当然のこととして定着してくる。そしてそれがまた、学生の教育ニーズ、一般的にいえば顧客ニーズに対する無感覚を生み出すことになります。

しかし、今日の大学教育はこのような、いわば大学をめぐる硬直化した内向的組織風土を「改革する」風土に早急に変革する必要があります。その際、教育の閉塞状況を変える最大のてこは、やはりきわめて単純な原理、ドラッカーのいう「顧客のニーズ」は何かという組織運営の原点です。

企業組織においては市場における「顧客のニーズ」こそがすべての活動の原点であるように、教育機関としての大学においても、その設立形態を問わず、活動の原点は、「学生」でなければなりません。教育機関としての大学は何よりもその教育の質を何よりも重視しなければならないし、またその成功度を測る基本的な指標は、学生の「成長と満足」であります。

この当たり前のことをどれだけ徹底できるか。これが、今日わが国の大学にとっての組織文化改革の基本です。

このような改革の重要な努力の一つとして、今日、関係者の間で、ファカルティ・ディベロップメント（教育開発）のための活動が活発に行われています。初等、中等教育に対比して大学教育のレベルでは、教育という要の営みが担当者個人の営みに任される風土が長く続いてきました。学問・研究の自由という大学の理念もからみ、これまで教育の営みは担当者個人の能力と才能にまかせ、むしろ外部から干渉すべきではないという考えが普通のこととして支配してきました。

しかし、教育という営みは、個々人の学問・研究の内容とは相対的に独自に、組織的、集団的に責任を持たなければならない性格のものであり、その営み自体も組織的、集団的に発展、進化させていかなければならないものです。

このように考えると、教育という場面に「顧客のニーズ」、具体的に「学生のニーズ」を反映するために、真摯なファカルティ・ディベロップメント（教育開発）の取組みがより一層発展する必要があります。

アクティブ・ラーニングの可能性

二〇一二年八月の中央教育審議会の報告書以来、アクティブ・ラーニングというコンセプトが教育界で話題になっています。文部科学省によるアクティブ・ラーニングの定義は、以下のようなものです。

「教員による一方的な講義形式の教育とは異なり、学修者の能動的な学習への参加を取り入れた教授・学習法の総称。学修者が能動的に学習することによって、認知的、倫理的、社会的能力、教養、知識、経験を含めた汎用的能力の育成を図る。発見学習、問題解決学修、体験学習、調査学修等が含まれるが、教室内でのグループ・ディスカッション、ディベート、グループ・ワーク等も有効なアクティブ・ラーニングの方法である。」『新たな未来を築くための大学教育の質的転換に向けて――生涯学び続け、主体的に考える力を育成する大学へ（答申）』（中央教育審議会、平成二四年八月二八日）

恐ろしく漠然とした定義ではありますが、ここで読み取れるのは、とにかく「教員による一方的な講義形式」を脱却せよ、ということです。

この「大号令」のもと、今大学の教育現場は、大きな転換期を迎えています。これまでもこのような提言、議論がなかったわけではありません。しかし、これだけ教育現場の論議が盛り上がってきたことはなかったように思います。もとよりこのような実践が実を結んでいきますのはそう簡単ではないでしょうし、これから幾多の経験が蓄積されていく必要があります。その意味で、前段に言及した、教育現場でのファカルティ・ディベロップメントの重要性がますます高まってくることと思います。

この論議をとおして感じられることは、教育というものの認識が大きく転化することになりつつあるいうことです。それは、ひとことでいえば、「教える」という教育観から「学ぶ」、「自ら学ぶ」という教育観への転換です。

これからの時代に求められる能力というのは、身に着けた知識を使って新しい課題を発見し、それを自ら解決する力です。またこれまでになかったような新しい知識を創造する力です。人々に、今このような力量が求められています。このような力量を身に着けるためには、これまでの教育現場での通念であった「教員による一方的な講義形式」を脱却して、知識の活用力を重視した教育に転換する必要がある、そのためには私たちはアクティブ・ラーニングに習熟する必要があるということです。このような「教育イノベーション」を成功できるかどうかが、これから課題になります。

大学管理にも目標管理の徹底を

大学もまた公的機関として、その事業目的に沿って「成果」をあげなければなりません。ドラッカーは、組織がその事業目的で成果をあげるために求められるのは、「目標管理」であり、とくに市場メカニズムにさらされない公的機関においては、これが成功の最も重要な条件であるとしています。大学における「目標管理」は可能か、これをいかに進めるかを考えることが第二に求められています。

二〇〇二年一一月、学校教育法の改正により、各大学における教育、管理運営における自己点検・評価の実施と公表、および外部認証評価機関による認証評価の義務が定められました（この認証評価制度は二〇〇四年度より施行された）ことは前段で述べたとおりです。

これは日本の大学管理運営の改革史上、画期的な出来事でした。それは、自己点検・評価によって大学の「教育の質保証」を図ることを制度的に定めたものであるからです。

しかし多くの関係者が語るように、第三者によるこの認証評価の結果を実際に大学の内部改革に繋げることができなければ、その意義は大きく減殺されます。認証評価を得たということは、当該大学が大学として必要最低限の教育・研究上の基本要件を満たしているということの証明に過ぎません。そのこと自体、もとより大いに意義のあることですが、それぞれの大学に課せられている社会的責務や課題を考えれば、より高い水準の教育・研究の内実を構築していくことが求められています。

不可欠なPDCAサイクルの導入

しかし、このような観点から日本の大学のこれまでの自己点検・評価システムを振り返ってみたとき、気づくことは、これまでのシステムでは、組織の目標が成果検証可能な形で必ずしも明確化されておらず、自己点検・評価の基本機能であるPlan→Do→Check→Action（ＰＤＣＡ）のマネジメント・サイクルの仕組みが十分確立、徹底していないということです。

私が関わった大学の自己点検・評価機能強化の取り組みを振り返ってみますと、大学基準協会の認証評価を契機に、さらにいかに強力な内部評価システムを学内的に構築するかということでした。そしてその要となったのは、学内組織にＰＤＣＡサイクルを基本とする教学改革継続のメカニズムをいかにビルドインするか、またそれを通して、「評価文化」といったものをいかに醸成させていくかということでした。

確かにこのような日常の営みを大学組織の中に根付かせることとは、「一つの尺度で測るような目標設定は大学になじまない」という、これまでの大学の観念からすれば抵抗の大きいものであり、実践には苦痛を伴うものです。

しかし今日、大学という組織は、決して教育、研究、管理運営に関わる組織内部の専門家だけのものではありません。大学の存立には、学生はもちろん、父母、校友、地域社会、自治体、企業など、様々な社会のステークホルダーが関わっています。大学は、広範なこれらの社会的関係者の求める「ニーズ」に高い満足度で応えるものでなければなりません。そのためには、これまでの伝統的な観念ではいくぶん抵抗があるものではあっても、外部から見て透明度の高い自己点検・評価システムを完備することが、今日、私たち大学の社会的責任であります。

そしてまたそれが、ドラッカーのマネジメント学の観点からの、公的機関としての大学に対する警鐘に応える道です。

※　本章は、拙著『ドラッカーの警鐘を超えて』（二〇一一年、東信堂）第六章をリライトしたものです。

Ⅵ・イノベーション志向は「利己」の資本主義を超える

――市場競争におけるフェアプレイのために

はじめに――関心の背景

今日、企業の世界、組織の世界をみると、残念なことですが、社会が望まない不正、不祥事が蔓延しています。長年世界に名に馳せてきたような著名企業が、当面の利益の最大化を求めた結果の不正経理で一瞬にして存続の危機に瀕しているケースもあります。

このような状況をみていると、改めてマネジメントが心得るべき経営哲学というものの大切さを実感させられます。成果を求める「経営戦略」以前に、その基礎となるべき「経営哲学」が必要なようです。これまで企業成長に向けての経営戦略の重要さが強調されてきましたが(その点はこれからも変わらないでしょうが)、それを支える経営哲学の大切さがより一層強調される必要がある時代のようです。それは企業存続に関わる最重要課題です。

経営哲学をめぐっては、長い論議の歴史があります。経営学、マネジメント学の発展に関わった主要な研究者は、後でくわしく触れますが、概ねこの問題に積極的に論議に関わり、マネジメントにおける成果実現の機能と同時に、マネジメントにおける人間性、道徳性の重要性を強調してきました。それは、人間の営みとしてのマネジメントの最重要な側面をなしているからです。

しかしこれまでのところ、マネジメントにおける機能主義の側面と人間主義の側面は、二元論にとどまっているように思われます。機能主義の側面が具体的な企業や組織の制度やシステムに体現されるのに対して、人間主義の側面はあくまでも「あるべき」論的な性格を持っており、道徳的、倫理的性格を逃れていないからです。したがって、これら二つの側面の実現を統一するような経営哲学の論議はこれ以上進んでいないようにみえます。

それではマネジメントにおける機能主義と人間主義の二元を統一する原理は何か。本書は、この問題を考えて締めくくりとします。

1．経営哲学の二つの潮流

経営哲学には概ね二つの潮流があると理解されます。一つは純粋に機能主義的、成果主義的な潮流です。これは、企業、組織を人、もの、かね、情報の集合ととらえ、その最適な組合せによっていかに最大限の成果（利益）を実現するかを考える立場です。

もう一つは機能主義と人間主義の結合を考える潮流で、前者との対比で、一言でいえば人間主義的潮流とでもいわれるものです。これは、企業、組織における人間という要素の独自の役割を重視し、人間のもつ創造力を要に成果を実現するシステムを考える立場です。

もとより何よりも明確な成果を求めるための経営哲学として、支配的な潮流は第一の機能主義的な潮流です。今日経営学の主要な潮流は経営学の「科学化」といわれ、世界のビジネス教育の最先端の現場、ＭＢＡではこの傾向が顕著に進んでいます。これはまさに、経営哲学における機能主義的潮流と表裏の関係にあります。

しかし経営哲学の人間主義的潮流はなくなっているわけではありません。それはむしろ、経営学のカリスマ的担い手といわれるような、社会的に影響力をもつ人々を通して受け継がれてきています。チェスター・バーナード、ピーター・ドラッカー、ヘンリー・ミンツバーグ、野中郁次郎、稲盛和夫といった、その時代、時代を代表する経営学者、経営者です。これらの人々はもとより独自の存在感をもつ人々ですが、主流のＭＢＡ派からは「非科学的」経営学の担い手とされ、敬して遠ざけられる存在となっているように思われます。したがって、これらの人々は、社会的には大きな存在ですが、積極的に世界のＭＢＡの教育の現場では、取り上げられることは多くないようにみえます。

そのような状況の中で、筆者は先に述べたような「利己的」な企業世界の実情を改める上で、人間主義的経営哲学が果たしている役割はきわめて重要なものがあると考えています。したがって、人間主義的経営哲学をもっと現実的な力をもったものとしなければならないと考えているものの一人です。

しかし後にもみるように、人間主義的経営哲学にもとづくマネジメントは、現実の機能的な経営哲学に対して次元の違う精神論的、道徳論的な性格をもっています。したがってそれは、機能主義的なマネジメントに対抗する力としては、残念ながら偶然的なものにとどまらざるを得ないのです。

このような現実の中で人間主義的経営哲学を超える新しい経営哲学はどのようなものであるべきなのか。本章はこのことを考えてみます（経営哲学の「二つの潮流」については、三戸公『管理とは何か』二〇〇二年、文眞堂、第Ⅱ章「管理の神髄」を参照）。

2. 人間主義的経営哲学の系譜

ここでははじめに、経営哲学における人間主義的潮流を辿り、そこに流れる今日的価値を確認するとともに、さらにそれを新しい次元に発展させるための課題を考えてみます。

人間主義的経営哲学の原点としてのアダム・スミス

意外に思われるかもしれませんが、社会科学における人間主義的哲学の原点となっているのは、近代経済学の開祖、アダム・スミス（一七二三～九〇）です。スミスは近代経済学の祖として、市場原理の価値を唱道した人物としてのイメージが強く浸透しています。

しかし、スミスは、近代社会における市場原理の貫徹と同時に、その前提としての競争におけるフェアプレイの精神の大切さを説いた点で重要な役割を果たしています。

このことをスミスの中に発見したのは、経済学者・堂目卓生さんです。同氏はスミスについて、もっぱら代表作『国富論』を基本とした伝統的な理解から、これに先立つもう一つの代表作、『道徳感情論』を前提とした統合的なスミス理解の中で、スミスの人間主義的社会哲学を導くことに成功しました。

堂目さんはスミスにおける「個人」について、同氏の代表作『アダム・スミス』二〇〇八年（中公新書）の中で次のように述べています。

「スミスは『国富論』において、個人の利己心にもとづいた経済行動が社会全体の利益をもたらすと論じた。しかしながら、そこで想定される個人は、社会から切り離された孤立的存在ではなく、他人に同感し、他人から同感されることを求める社会的存在としての個人なのである。社会的存在としての個人が、胸中の公平な観察者の是認という制約条件のもとで、自分の経済的利益を最大にするように行動する。これが、スミスが仮定する個人の経済行動なのである。」（堂目卓生『アダム・スミス』二七二ページ）

また、堂目さんのスミス理解の根拠になっているスミス自身の叙述は以下のようです。

・人間の共感について

「いかに利己的であるように見えようと、人間本性のなかには、他人の運命に関心をもち、他人の幸福をかけがえのないものにするいくつかの推進力が含まれている。人間がそれから受け取るものは、それを眺めることによって得られる喜びの他に何もない。哀れみや同情がこの種のものである。他人の苦悩を目の当たりにし、事態をくっきり認識したときに感ずる情動に他ならない。我々がしばしば他人の悲哀から悲しみを引き出すという事実は、例証するまでもなく明らかである。」（スミス『道徳感情論』邦訳、三〇ページ）

・フェアプレイの精神について

「富、名誉および昇進をめざす競走のなかで、個人は可能なかぎり懸命に走り、すべての競争相手より勝るために、すべての神経と筋力を精一杯使っても良いのである。だが、もし彼が競争相手の誰かを押したり、投げ倒したりしたら、観察者たちの寛恕は完全に尽きるだろう。それは、フェアプレイの侵犯であり、誰も認めることができないことである。そのような人間は、観察者にとっては、どこからみても、フェアプレイの侵犯者も同然である。」（スミス『道徳感情論』邦訳、一六五ページ）

経営学史における人間主義的経営哲学の系譜

(1)チェスター・バーナード

経営学における人間主義的経営哲学の系譜を辿ってみると、その筆頭に登場するのは、二〇世紀前半、一九三八年に『経営者の役割』を著して「近代組織論の祖」といわれたチェスター・バーナード(一八八六〜一九六二)です。

バーナードはもともとアカデミズムの人ではなく、米国ニュージャージー・ベル電話会社の社長を務めた企業人でしたが、母校ハーバード大学ローウェル研究所から請われて行った講演をまとめたものが近代組織論の革命をもたらしたとされる著書『経営者の役割』です。

バーナードの理論の基本的モチーフは「個人と協働の同時的発展」です。組織社会としての現代においては、あらゆる社会的機能が組織(協働のシステム)によって実現されるのであり、またそれは人間が個人では成し遂げられないことを成し遂げる手段として作り上げられたものです。その中で、個人は巨大な組織の中に埋没してしまうようにさえ見えます。そのような現代の組織社会にあって、バーナードは人間個人の存在意義と力を重んじ、「個人と協働の同時的発展」を社会発展の基本においています。またその実現こそが組織永続の条件であるとしています。

バーナードはさらに、そのような組織の存続がリーダーシップの道徳性の高さに比例すると強調しています。

「人間協働における最も一般的な戦略的要因は管理能力である。……しかし、組織の存続は、それを支配している道徳性の高さに比例する。すなわち、予見、長期目的、高遠な理想こそ協働が持続する基礎なのである。かように、組織の存続はリーダーシップの良否に依存し、その良否はそれの基礎にある道徳性の高さから生ずるのである。最も低級で最も非道徳的な組織においても、高度の責任が存在するに違いないが、責任が関係する道徳性が低ければ、組織は短命である。道徳性が低ければリーダーシップが永続せず、その影響力がすみやかに消滅し、これを継ぐものも出てこない。」（バーナード『経営者の役割』邦訳、二九四～二九五ページ）

このバーナードの文章を読むと、昨今の企業世界での現実が二重写しになります。

(2)ピーター・ドラッカー

バーナードを継いで人間主義的経営哲学を唱道したのは、「マネジメントを発明した男」といわれるピーター・ドラッカー（一九〇九～二〇〇五）です。一九五四年に著された主著『現代の経営』には、すでに彼の人間主義的経営哲学を象徴するいくつかの叙述が顕著です。

第一は、「企業の目的は顧客の創造である」、「企業が何かを決定するのは顧客である」という有名な叙述です。この叙述に示されているような、自然の中での人間の営みとしての企業活動に求められる謙虚さです。

「企業とは何かを理解するには、企業の目的から考えなければならない。企業の目的は、それぞれの企業の外にある。事実、企業は社会の機関であり、その目的は社会にある。企業の目的として有効な定義は一つしかない。すなわち、顧客の創造である。」

「企業が何かを決定するのは顧客である。財やサービスへの支払いを行うことによって、経済的な資源を富に変え、ものを商品に変えるのは顧客だけである。」（以上、ドラッカー『現代の経営』邦訳・上巻、四六ページ）

第二は、利益最大化を戒める企業行動の理解です。

「事業体とは何かと問われると、たいていの企業人は利益を得るための組織と答える。たいていの経済学者も同じように答える。その答えは間違いであるだけではなく、的外れである。同じように、企業とその行動に関する一般に流布されたある経済理論、すなわち利益最大化の理論も完全に破綻している。」

「利潤動機やそこから派生する利益最大化の概念は、企業の機能、目的、マネジメントとは無関係である。いや、そのような概念は無関係であるよりも、さらに悪い。害を与えている。それは利益の本質に対する社会の誤解と、利益に対する根強い反感の主たる原因となっている。」（以上、同上邦訳、四三ページ）

第三は、マネジメントのリーダーシップに求められる道徳性の高さです。

「知識がなく、仕事も大したことがなく、判断力や能力が不足していても、害をもたらさないことはある。しかし真摯さに欠けるものは、いかに知識があり、才気があり、仕事ができようとも、組織を腐敗させる。企業にとって最も価値ある資産たる人材を台無しにする。組織の文化を破壊する。業績を低下させる。」

「士気の高い組織はトップの士気が高い組織である。組織の文化が腐るのはトップが腐るからである。木は梢から枯れる。したがって、特にトップマネジメントへの昇進においては真摯さを重視すべきである。要するに、部下となる者すべての模範となりうる人格をもつ者だけを昇格させるべきである。」（以上、同上邦訳、二一九、二二〇ページ）

(3) ヘンリー・ミンツバーグ

ドラッカー亡き後、ドラッカーの経営哲学をもっとも親しく継いでいるといわれるのは、ヘンリー・ミンツバーグ（一九三九～現在）です。とくにリーダーシップについて語るミンツバーグの言葉に、バーナード、ドラッカーの流れを継ぐ人間主義的経営哲学の精神が脈々と流れているのがわかります。

「リーダーシップとは、賢明な決定を下し、大きな取引をまとめることではない。少なくとも、私利私欲のためにそれを行うことでは断じてない。リーダーシップとは組織の構成員に活力を与え、優れた決定をさせて業績を高めること。言い換えれば、人々がもともともっているポジティブなエネルギーを引き出すことだ。優れたリーダーは、権限を委譲するのではなく、部下のモチベーションを高める。コントロールするのではなく、理解する。決定を下すのではなく、手本を示す。これをすべて、まず自分自身が組織に本腰を入れ、他の構成員の参加を促すことによって行う。

このために不可欠なのは、リーダーシップの正当性だ。つまり、リーダーに従う人たちにただ受け入れられるだけではなく、敬われなくてはならない。マネジメントの意思以上に重要なのは、マネジメントの資格なのだ。」（ミンツバーグ『ＭＢＡが会社を滅ぼす』邦訳、一八七ページ）

（4）野中郁次郎

「組織的知識創造論の確立者」といわれる日本の経営学者、野中郁次郎さんもまた、今日の人間主義的経営哲学の唱道者です。

彼はまず主著の一つ、一九九〇年刊行の『知識創造の経営』で、人間という存在の評価を、西欧系の経営学者の理論をフォローしつつ、次のように分析しています。

「それらの理論的展開の基本的視点が、第一に人間の『可能性』や『創造性』ではなく、人間の『諸能力の限界』に注目しているということ、第二に人間を『情報創造者』としてではなく、『情報処理者』としてみなすこと、最後に環境の変化に対する組織の『主体的・能動的な働きかけ』ではなく、『受動的な適応』を重視しているということである。しかしわれわれに必要なのは、組織は各構成員の創造性に注目し人間を知識・情報創造者としてみなし、組織的知識の創造過程を通じて環境に対して積極的な提案をしていかなければならないという展望である。」（野中郁次郎『知識創造の経営』四〇ページ）

さらに人間の徳性というものの力について次のように主張しています。

「京セラ名誉会長の稲盛和夫は、道徳や美徳の重要性を訴える経営者の一人である。それは氏の経営哲学の根幹のひとつといっていい。創業間もない頃に、小集団独立採算経営を導入した経験についてこう語っている――それはただ収益のためではなく、従業員とその家族の生活を守ることが目的であったが、それはかれらの幸せ、さらには人類、社会の進歩発展を目指すためのものである。そのことが、従業員との対話のなかで確認された。その過程で従業員全員参加が原則になったという。資本家対労働者という構図ではなく、会社をオープンにすることでやる気を引き出すことができた、という。」「美徳は、超然とした言葉の響きとは裏腹に、……単なる倫理観の問題にとどまらない、本質的な『人（組織）を動かす力』である。」（野中郁次郎・紺野登『美徳の経営』二〇〇七年、三九、四一ページ）

（5）稲盛和夫

「利他の経営」を直截に説く京セラ創業者稲盛和夫さんも今日、人間主義的経営哲学の代表的論者です。彼は江戸中期の思想家、石田梅岩を念頭に置きながら、次のように利他の経営を説いています。

「『利を求むるに道あり』という言葉がありますが、利潤追求は決して罪悪ではない。ただし、その方法は人の道に沿った者でなくてはならない。どんなことをしても儲かればいいというのではなく、利を得るにも人間として正しい道を踏まなくてはならない。」「利を求める心は事業や人間活動の原動力となるものです。ですから、だれしも儲けたいという『欲』はあってもいい。しかしその欲を利己の範囲にのみとどまらせてはなりません。人にもよかれという『大欲』をもって公益を図ること。その利他の精神がめぐりめぐって自分にも利をもたらし、またその利を大きく広げもするのです。」（稲盛和夫『生き方』一七九、一八〇ページ）

人間主義的経営哲学の限界

以上のような組織学、マネジメント学のこれまでの泰斗の経営哲学の考え方を辿ってみて感ずることは、これらの人々はいずれも、鮮やかな人間主義的経営哲学を持っているということです。またそうであったがゆえにこれらの学問領域で一時代を主導したのであろうと思われます。

しかし同時に、これらの泰斗の人間主義的要素はいまだマネジメントに関わる人々の道徳性や倫理観など精神的要素に依拠しているということが共通する大きな特徴です。

もとよりそれは、今日の企業や組織の運営にとって社会的に貴重な要素となっています。しかし、機能主義的経営哲学が、企業や組織の明確な目標のもとに、制度やシステムに裏付けられたものであるのに対して、人間主義的経営哲学はいまだ精神的な「望ましい論」、「あるべき論」のレベルのものであるということです。これをもっとはっきりした制度論、システム論のレベルで論ずることができれば、マネジメントにおける人間主義的要素の保障は大きな前進を見ることになるでしょう。またこれがなされない限り、人間主義的経営哲学は精神論、道徳論の限界を超えられないでしょう。それはまたマネジメント論としての一般性を十分獲得できないのではないかと思われます。

稲盛経営哲学の独自性

この点で、上記のような人間主義的経営哲学の歴史を飾る論者の中で、実践経営学を代表する稲盛和夫さんの経営哲学は独特のものです。

本稿の後続部分で展開するように、人間主義的経営哲学の精神論、道徳論的な限界の克服を論ずる際、キーワードとなるのはイノベーションであると筆者は考えますが、稲盛さんの経営哲学にはこの要素がビルトインされているのが特徴的です。それは、他の経営学者と違って稲盛さんは自身の経営実践の中で創業の基礎となったセラミックス技術に始まり、今日まで幾多の技術イノベーションを自ら手がけ成功させてきているという背景があります。

先の引用にもあるように、「人にもよかれという『大欲』をもって公益を図ること」を「利他の思想」の根底にあるものとしていますが、まさにこれがイノベーションに挑戦するものの魂でもあるからです。

稲盛さんの「利他の思想」、「心の経営」の背景には他人のまねのできないイノベーションの継続がありましたが、このことを明示したのは、現在立命館大学の稲盛和夫経営哲学研究センター所長を務める青山敦さんです。氏は著書の中で次のように述べています。

「アメーバー経営だけではラジカルイノベーションを起こせない。ラジカルイノベーションのためには優れた発想力と、発想を新事業にまで結びつける実現力が必要だ。しかし、京セラは、再結晶宝石、切削工具、人口歯根・バイオセラム、太陽電池など数々のイノベーションを成し遂げてきた。心の経営で、ラジカルイノベーションのための未来志向の発想と新事業への実現力を担うのがイノベーションリーダーだ。京セラの場合は、稲盛名誉会長がイノベーションリーダーの役割を果たしてきた。稲盛名誉会長は、優れた経営者だが、京セラの発展の歴史を見ると、卓越したイノベーションリーダーでもあることがわかる。」（青山敦『京セラ稲盛和夫・心の経営システム』

二〇一一年、二四八ページ）

3．人間主義的経営哲学の限界とその克服――キーワードとしてのイノベーション

競争の基本理念再考――「他人の取り分を犠牲にして利益を上げる」ような競争の回避

人間主義的経営哲学は精神論、道徳論としての限界をいかにして超えるか。これがこれからの課題です。

この課題を考えるに際して鍵となるのは、市場社会における企業の競争のあり方についての基本理念の問題です。もっと具体的にいえば、今日市場社会では、利益最大化のもとでの競争から様々な不正、不祥事や反人間的行為など引き起こされていますが、このような人間主義的な規範からの逸脱を抑止するような競争がどのようにありうるのかということです。

このような市場社会を目指すために想定されなければならないことは、市場競争において「他人の取り分を犠牲にして利益を上げる」ような行いを回避することです。典型的にいえば、「限られたマーケットでのシェアを取り合うような競争」のない、他者を犠牲にしない、少なくとも直接に犠牲にしない活動の場をつくり出し、広げていくことです。もしこのような企業活動の場が広がり一般化すれば確実に人間主義的な企業規範から逸脱するような活動は大きく後退すると

思われます。

ブルー・オーシャン戦略の世界

熾烈な競争を展開している企業社会においてそのようなことを想定すること自体ナンセンスに思われるかもしれません。しかし経営戦略論の歴史の中で、すでに「限られたマーケットでのシェアを取り合うような競争」の世界を超える経営戦略が提唱されてます。知られるように、二〇〇五年、チャン・キムとレネ・モボルニュによる『ブルー・オーシャン戦略』の提唱です。

両氏は、ライバル同士が同じ市場で限られた獲物をめぐって血みどろの戦いを繰り広げる「レッド・オーシャン（赤い海）戦略」に対して、競争そのものを無意味なものにしてしまう、まったく新しい市場を創造する「ブルー・オーシャン（青い海）戦略」を提唱します。両氏は、未知の市場空間を創造し、差別化と低コストを同時に実現するための戦略を提唱しました。

筆者はこのブルー・オーシャン戦略の考え方が人間主義的経営哲学の限界を超える発想の重要なヒントとなると考えます。

キムとモボルニュがいうブルー・オーシャン戦略について、もう少し見てみます。

キムとモボルニュはブルー・オーシャン戦略について次のように述べています。

「レッド・オーシャンでは各産業の境界はすでに引かれていて、誰もがそれを受け入れている。

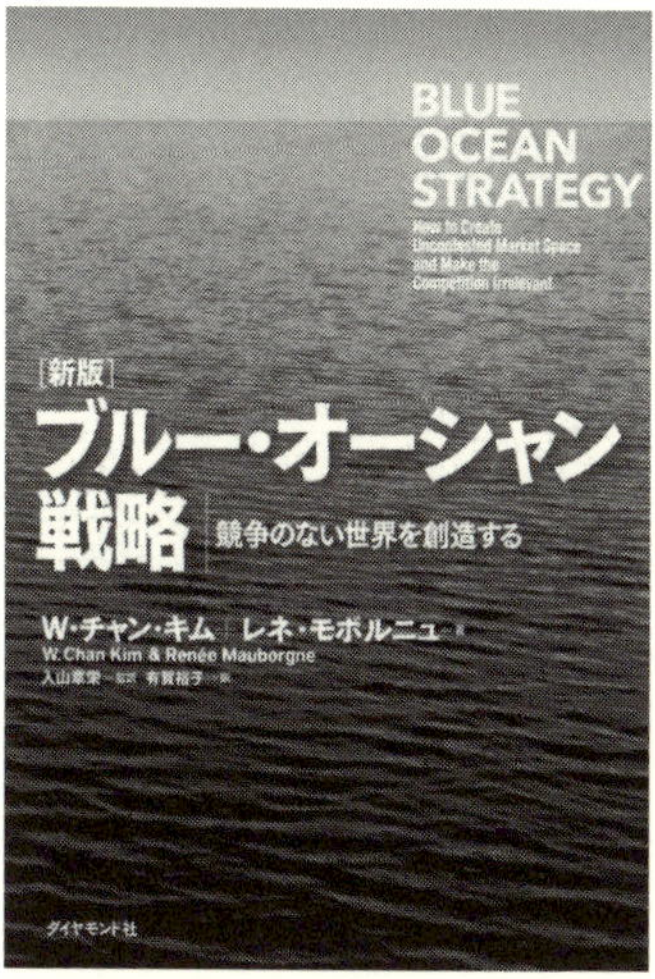

キム／モボルニュ『ブルー・オーシャン戦略』（2015年、ダイヤモンド社）

競争のルールも広く知られており、各社ともライバルをしのいで、限られたパイのうちできるだけ多くを奪い取ろうとする。競争相手が増えるにつれて、利益や成長の見通しは厳しくなっていく。……レッド・オーシャンは赤い血潮に染まっていく。」「対照的に、ブルー・オーシャンは市場として未開拓であるため、企業は新たに需要を掘り起こそうとする。利益の伸びにも大いに期待が持てる。……ブルー・オーシャンでは、競争は成り立たない。なぜなら、ルールが決まっていないのだから。」（キム／モボルニュ『ブルー・オーシャン戦略』新版邦訳、四六ページ）

すでにあきらかなように、他人の取り分を犠牲にして利益を得ようとする行動が意味をもたなくなる、このようなブルー・オーシャンの世界では、他を出し抜くために不正を行ったり、不祥事を起こしたりする、反社会的な行為の動機は少なくとも減退します。市場のすべてがブルー・オーシャンになることはないにしても、ブルー・オーシャンをめざす動きの中ではこれまで市場での反社会的と評価される動きは意味を持たなくなるでしょう。

ブルー・オーシャン戦略の土台としてのバリュー・イノベーション

しかし残念ながら、ブルー・オーシャンを切り拓く、だれでも使える海図などは存在しません。結局こうしてブルー・オーシャンを拓くのは既存の市場での競争の戦略、戦術のあれこれではなく、これまでに存在しない市場開拓のためのイノベーションなのですが、そのようなイノベーションはいかなるイノベーションなのでしょうか。

このようなブルー・オーシャンを切り開くイノベーションについて、キムとモボルニュは次のように述べてます。

「ブルー・オーシャンを切り開いた企業は、競合他社とのベンチマーキングを行なわず、その代わりに従来とは異なる戦略ロジックに従っていた。ここではそれをバリュー・イノベーションと呼ぶ。このバリュー・イノベーションこそ、ブルー・オーシャン戦略の土台をなしている。」

『バリュー・イノベーション』という呼称を用いたのは、ライバル企業を打ち負かそうとするのではなく、むしろ、買い手や自社にとっての価値を大幅に高め、競争のない未知の市場空間を開拓することによって、競争を無意味にするからだ。」（以上、キム／モボルニュ『ブルー・オーシャン戦略』新版邦訳、五七ページ）

このようなバリュー・イノベーションが支配的な潮流となる経済が到来すれば、市場は確実にブルー・オーシャンの世界として展開することになり、そこでは他者を犠牲にするような方法での利益の追求は意味を小さくしていくことになります。

そこでは、精神的、道徳的なものに依拠した利益追求行動の規制、抑止とは別の、イノベーションというそれぞれの経済主体の自由な市場開発行動の結果としての競争の浄化が浸透することになるでしょう。そしてこれが実現すれば、イノベーションのもつ本来の経済と市場の活性化効果と合わせて、市場競争に付きまとうとされている他者を犠牲にした利己的行為や、さらには不正や不祥事をともなう利益追求行為を減少させる効果をもたらすことになるでしょう。そして、このような立場に立つ経営は、「イノベーション志向」という新しい経営哲学にたつマネジメントとして評価されるでしょう。

4. ブルー・オーシャン(イノベーション)志向の市場社会は可能か

それでは、ブルー・オーシャン志向、イノベーション志向の市場社会は実現可能でしょうか。

私見では、それはこれからの経済社会の動向に沿ったものとして、積極的な展望をもちうるものと考えます。キムとモボルニュも二〇〇五年初版刊行後一〇年を経て刊行された、改訂版(二〇一五年)で、今日ますますブルー・オーシャン戦略の世界が広がってきている状況を具体的な事例を列挙してアピールしています。

社会進化の要としてイノベーションの役割を強調し、これが「断絶の時代」を現出するとしたのはドラッカーでしたが、ドラッカーの著『断絶の時代』が出された一九六九年からほぼ半世紀が経った今日、社会進化の要としてのイノベーションの役割は依然として変わらない。というよりも、二一世紀の現在、「スタートアップ(起業)大競争時代」といわれるように、またIT産業や人工知能(AI)技術、再生医療技術の発展を先頭にした「第四次産業革命の時代」がもてはやされるように、イノベーションは新しい勢いを増しています。

大産業・大技術・大企業時代のイノベーションからソーシャル・イノベーションの時代へ

イノベーションをめぐる状況は半世紀前とは大きく変わってきています。半世紀前、イノベーションは産業中心、それも大産業、大企業中心のイノベーションでした。しかし、今日イノベーションは社会の範囲においても深さにおいても大きく変わってきています。

バングラデシュの経済学者ムハマド・ユヌスが貧困世帯の女性を対象に始めたマイクロファイナンス（小口融資）は、ノーベル平和賞の対象になるとともにイノベーションの対象を産業要請から社会的課題解決に向けての社会的イノベーションに人々の注目を向けさせることになりました（ムハマド・ユヌス『ムハマド・ユヌス自伝』一九九八年）。

このようにソーシャル・イノベーションの考え方が社会的に広がりをみせる背景には何があったのか。野中郁次郎さんほかの近著『実践ソーシャル・イノベーション』二〇一四年は、この点を特に一九七〇年代以降の社会経済状況の変化に求めています。

第二次世界大戦後の経済は、先進資本主義諸国ではこぞって有効需要政策（ケインズ政策）と福祉国家政策により「大きな政府」化が進みましたが、一九七〇年代になると世界景気の頓挫もあって国家財政の立て直しの時期を迎えました。この中で、英国ではサッチャー政権、米国ではレーガン政権、そして日本では中曽根政権が相次いで「小さな政府」化をめざす行政改革に取り組みました。同時に経済活性化のために様々な規制緩和も進みました。

その中で、各国の財政再建や経済活性化はある程度前進しましたが、同時に貧困や健康、福祉、住環境、社会の高齢化に伴う問題など、これまでの政府と企業の活動から漏れる諸課題が顕在化してくることにもなりました。また一九七〇年代から関心の高まった地球環境をめぐる課題も拡大してくることになりました。

このような事態の進行は、すでにドラッカーが『断絶の時代』で問題とした社会組織の「多元化」、政府、企業とは別の新しい社会組織、NPOやNGOなどの盛行の背景でもありました。しかしNPOやNGOのような非営利組織とは別に、同じく社会的解決課題を担いながらもそれらを経済の原理、営利の論理の中で実現しようとする新しい社会組織の開発が登場しました。それがソーシャル・イノベーション、ソーシャル・ビジネスです。それらは、NPOやNGOのように寄付やボランティアに依るのではなく、基本的には市場経済原理に基づく事業として実現しようとするものです。

女性の貧困対策として始められたユヌスのグラミン銀行によるマイクロファイナンスは、まさにその先駆けでありました。

このような角度からのイノベーションの重要性は今日大きく社会的注目を浴び、イノベーションの果たす社会的守備範囲を大きく広げています。ドラッカーはこのようなソーシャル・イノベーションの重要さをすでに一九七三年の『マネジメント』の二五章で指摘しています。

「確実な仕事などない時代」を生きる若者の、イノベーションへの挑戦

近年のビジネス世界をみると、この半世紀に社会的ステータスを確立し、誰の目にもその業界では世界的にも代表的とみられた企業が急速に凋落し、その存立さえも危うくなっているケースが幾多あります。まして中堅・中小企業の世界では、企業の新陳代謝は日常茶飯のことです。

しかしこのような話題を企業での活動をめざす若者たちの立場、目から語られることはあまり多くはありません。

フィンランド生まれの若き社会学者、トイボネン・トゥーッカ（ロンドン大学）はこのような今日の時代を「確実な仕事などない時代」と喝破しています。そしてそこから、若者の新しい価値観として、イノベーションへの挑戦を求める雰囲気が広がる可能性を論じています（「ノキアの衰退と福祉政策が生んだフィンランドの起業革命」『朝日新聞 GLOBE』二〇一五年三月一四日号掲載）。

トゥーッカは、名門携帯電話会社ノキアが衰退したのをきっかけに、フィンランドでは名門会社の勤めも不安定だという認識が社会に広がり、それをきっかけに若者の間で、手厚い社会福祉制度の強みも生かして、果敢に起業に挑み始めていると報告しています。

フィンランドでは起業に対する考え方は不況が直撃した一九九〇年代初めとはまったく違ってきているといいます。当時は、「起業は恐ろしいもの」と見なされていた。それが一転今日では、大学生を中心に起業家が増えていっている、より多くの若者が起業に挑戦するようになったとい

います。

何が若者をそのように突き動かすようになったのか。自分の価値観と一致し、社会的に意味のある仕事をしたいと考える若者が増えてきていることだとトゥーッカはいいます。

トゥーッカは、「若者は気象変動や国内外の危機を深く懸念している。それに対して大人が行動を起こしてこなかったことを目の当たりにしている」という若者の声を紹介しています。その中で、「若者はカネや優越感を求めるために起業するのではなく、起業で得たもので社会問題の解決につなげていきたい」と考え始めているということです。

トゥーッカによれば、これが、今フィンランドの若者のなかに広がる起業への挑戦、イノベーションへの挑戦への背景だといいます。

かつてドラッカーは、『明日を支配するもの——二一世紀のマネジメント革命』（一九九九年）のなかで、次のような言葉を残しています。

「変化を予測し、変化に対応していったとしても、生き延びることはできない。そもそも変化とは予測できないものである。成功への道は、自らの手で未来を創ることによってのみ開ける。」「自ら未来をつくることにはリスクが伴う。しかしながら、自ら未来を創ろうとしない方が、リスクが大きい。」（ドラッカー『明日を支配するもの』邦訳、一〇六～一〇七ページ）

ドラッカーもまた、このような若者の認識に未来をかけていたことを知ることができます。

イノベーション志向の経営哲学は「利己」の資本主義を超える

ところで、私がここでブルー・オーシャンを目指すイノベーションとその担い手にこだわってきたのは、何よりもこれがこれからの経済と市場の活力に関わってのこともありますが、同時にこれからの経済、市場、企業、競争の「質」に関わって重要な意義、役割を持っていると考えるからです。

これまで企業行動に関わる不正、不祥事が起こるたびに、企業の倫理が問われ、利益の追求と同時に、企業道徳の必要が問われてきました。

それはそれできわめて大切なことです。本稿はこのことの意義をいささかも過小評価しようとするものではありません。私たちは今も毎日のように目に触れる企業の不正、不祥事に対して企業道徳、企業倫理の面から厳しい目を絶やしてはなりません。

しかしそれと同時に、より根本のところで、市場における企業の競争のあり方自体に問題はないのか、というのがここでの問いでした。

他者を犠牲にし、他者の成果を横取りするような、「利己的」なレッド・オーシャンの勝者を目指すのではなく、「利他的」にイノベーションを目指し、ブルー・オーシャンを目指す競争の中に道徳的、倫理的なものをこえる可能性があるのではないかというのが本章の主張です。

※ 本章は、大阪大学国際公共政策研究科編『グローバルな公共倫理とソーシャル・イノベーション』（二〇一八年、金子書房）に掲載されたものです。

参考文献

Drucker, P.F., *The End of Economic Man, 1938*：邦訳『経済人の終わり』ダイヤモンド社、二〇〇七年

Drucker, P.F., *The Future of Industrial Man, 1942*：邦訳『産業人の未来』ダイヤモンド社、二〇〇八年

Drucker, P.F., *Concept of the Corporation, 1946*：邦訳『企業とは何か』ダイヤモンド社、二〇〇八年

Drucker, P.F., *The Practice of Management, 1954*：邦訳『現代の経営』ダイヤモンド社、二〇〇六年

Drucker, P. F., *The Age of Discontinuity: Guidelines to Our Changing Society, 1968*：邦訳『断絶の時代』ダイヤモンド社、二〇〇七年

Drucker, P. F., *Management:Tasks,Responsibilities,Practices*, 1973：邦訳『マネジメント――課題、責任、実践』ダイヤモンド社、二〇〇八年

Drucker, P. F., *Innovation and Entrepreneurship: Practice and Principles,1985*：邦訳『イノベーションと企業家精神』ダイヤモンド社、二〇〇七年

Drucker,P.F., *Management Challenges for the 21st Century*, 1999：邦訳『明日を支配するもの――二一世紀のマネジメント革命』ダイヤモンド社、一九九九年

※ 以上、ドラッカーの著書の邦訳は、上田惇生訳「ドラッカー名著集」による。

Barnard, Ch. I., *The Function of The Executive, 1938*：邦訳『経営者の役割』ダイヤモンド社、一九六八年
Kim, W.Chan.and Mauborgue, Renee, *Blue Ocean Strategy, 2005*：新版邦訳『ブルー・オーシャン戦略』ダイヤモンド社、二〇一五年
Mintzberg,H., *Managers Not MBAs, 2004*：邦訳『ＭＢＡが会社を滅ぼす』ＮＴＴ出版、二〇〇四年
Schumpeter,J.A, *Theorie der Wirtschaftlichen Entwicklung, 1912*：邦訳『経済発展の理論』（上・下）岩波文庫、一九九七年

アダム・スミス『道徳感情論』：邦訳、講談社学術文庫版、二〇一三年
アダム・スミス『国富論』：邦訳、岩波文庫版、二〇〇〇年
青山敦『京セラ稲盛和夫・心の経営システム』日刊工業新聞社、二〇一一年
稲盛和夫『生き方』サンマーク出版、二〇〇四年
池原照雄「ヒットメーカーの舞台裏一八〇：富士フィルムスキンケア・アスタリフト」『ＷＥＤＧＥ』二〇〇九年四月号
井上達彦『模倣の経営学』日経ＢＰ社、二〇一二年
上田惇生『ドラッカー入門』ダイヤモンド、二〇〇六年
大島正二『漢字伝来』岩波新書、二〇〇六年
大野耐一『トヨタ生産方式』ダイヤモンド社、一九七八年

川辺信雄『セブン・イレブンの経営史（新版）』有斐閣、二〇〇三年
齋藤孝『まねる力』朝日新書、二〇一七年
坂本和一『大学のイノベーション――経営学と企業改革から学んだこと』東信堂、二〇〇七年
坂本和一『ドラッカーの警鐘を超えて』東信堂、二〇一一年
坂本和一『大学の発想転換――体験的イノベーション論25年』東信堂、二〇一二年
坂本和一『ドラッカー「断絶の時代」で読み解く21世紀地球社会論（改訂版）』東信堂、二〇一七年
坂本和一『ドラッカー「現代の経営」が教える「マネジメントの基本指針」』東信堂、二〇一七年
崎谷実穂・柳瀬博一『混ぜる教育――ＡＰＵの秘密』二〇一六年、日経ＢＰ社
財団法人大学コンソーシアム京都編『設立一〇周年記念誌』二〇〇四年
トイボネン・トゥーッカ「ノキアの衰退と福祉政策が生んだフィンランドの起業革命」『朝日新聞GLOBE』二〇一五年三月一四日号
堂目卓生『アダム・スミス――「道徳感情論」と「国富論」の世界』中公新書、二〇〇八年
野中郁次郎『知識創造の経営』ダイヤモンド社、一九九〇年
野中郁次郎・紺野登『美徳の経営』ＮＴＴ出版、二〇〇七年
野中郁次郎『実践ソーシャル・イノベーション』千倉書房、二〇一四年
三戸公『管理とは何か――テイラー、フォレット、バーナード、ドラッカーを超えて』未来社、二〇〇二年

ムハマド・ユヌス『ムハマド・ユヌス自伝』早川書房、一九九八年
湯川秀樹「科学者の創造性」『自然』一九六四年一〇月号

立命館の歴史に関する参考文献

立命館大学二一世紀学園構想委員会「二一世紀の立命館学園構想」一九八九年（内部資料）
学校法人立命館『立命館百年史』通史Ⅲ、二〇一三年

立命館百年史編纂委員会『立命館百年史紀要』掲載論文

坂本和一「立命館アジア太平洋大学（ＡＰＵ）創設を振り返って――開設準備期を中心に」第一四号、二〇〇六年三月
対談「立命館アジア太平洋大学（ＡＰＵ）開学を回顧して」第一七号、二〇〇九年三月
座談会「ＡＰＵ創設をめぐる公私協力の展開」第一七号、二〇〇九年三月
座談会「ＡＰＵ留学生受入れの海外行動を振り返って」（１）（２）、第一八号、二〇一〇年三月
座談会「ＢＫＣ『産官学提携』を回顧して」第一八号、二〇一〇年三月

著者紹介

坂本　和一（さかもと　かずいち）立命館大学名誉教授、立命館アジア太平洋大学初代学長：経済学博士（1975年）

□略　歴

1939年10月　石川県に生まれる
1963年 3 月　京都大学経済学部卒業
1968年 3 月　京都大学大学院経済学研究科博士課程単位取得
1968年 4 月　立命館大学経済学部に奉職
この間、1979年7月　ハーバード大学フェアバンク東アジア研究センターおよびニューヨーク大学経済学部で客員研究員（～1980年9月）
1988年 4 月　立命館大学教学部長（～1991年3月）
1994年 4 月　学校法人立命館副総長・立命館大学副学長（～2005年3月）
ただし、2000年1月～2004年3月の間は、学校法人立命館副総長・立命館アジア太平洋大学学長

□主要著書

『現代巨大企業の生産過程』有斐閣、1974年（博士学位論文）
『IBM―事業展開と組織改革』ミネルヴァ書房、1985年（第2回テレコム社会科学賞受賞）
『GEの組織改革』法律文化社、1989年（新版1997年）
『コンピュータ産業―ガリヴァ支配の終焉』有斐閣、1992年
『アジア太平洋時代の創造』法律文化社、2003年
『鉄はいかにしてつくられてきたか―八幡製鉄所の技術と組織：1901–1970年』法律文化社、2005年
『大学のイノベーション―経営学と企業経営から学んだこと』東信堂、2007年
『ドラッカーの警鐘を超えて』東信堂、2011年
『大学の発想転換―体験的イノベーション論二五年』東信堂、2012年
『ドラッカー『現代の経営』が教える『マネジメントの基本指針』』東信堂、2017年
『ドラッカー『断絶の時代』で読み解く21世紀地球社会論』〔改訂版〕東信堂、2017年

ドラッカー『イノベーションと企業家精神』で学ぶ発想転換戦略：私の経験

2018年　8月　15日　　第1刷発行　　〔検印省略〕
※定価はカバーに表示してあります。

著者©坂本和一　／発行者　下田勝司　　印刷・製本／中央精版印刷

東京都文京区向丘1-20-6　　郵便振替00110-6-37828
〒113-0023　TEL（03）3818-5521　FAX（03）3818-5514
発行所　株式会社　東信堂

Published by TOSHINDO PUBLISHING CO., LTD
1-20-6, Mukougaoka, Bunkyo-ku, Tokyo, 113-0023, Japan
E-mail：tk203444@fsinet.or.jp　　http://www.toshindo-pub.com

ISBN978-4-7989-1514-2　C1034　©Sakamoto Kazuichi

東信堂

転換期を読み解く―潮木守一時評・書評集	潮木守一	二六〇〇円
大学再生への具体像―大学とは何か【第二版】	潮木守一	二四〇〇円
フンボルト理念の終焉？―現代大学の新次元	潮木守一	二五〇〇円
リベラル・アーツの源泉を訪ねて	絹川正吉	三二〇〇円
「大学の死」、そして復活	絹川正吉	二八〇〇円
大学教育の思想―学士課程教育のデザイン	絹川正吉	二八〇〇円
大学教育の在り方を問う	山田宣夫	二三〇〇円
北大 教養教育のすべて―エクセレンスの共有を目指して	小笠原正明・安藤厚・細川敏幸 編著	二四〇〇円
国立大学職員の人事システム―管理職への昇進と能力開発	渡辺恵子	四二〇〇円
国立大学法人の形成	大﨑仁	二六〇〇円
国立大学・法人化の行方―自立と格差のはざまで	天野郁夫	三六〇〇円
教育と比較の眼	江原武一	二六〇〇円
大学は社会の希望か―大学改革の実態からその先を読む	江原武一	二〇〇〇円
転換期日本の大学改革―アメリカとの比較	江原武一	三六〇〇円
大学の管理運営改革―日本の行方と諸外国の動向	江原武一・杉本均 編著	三六〇〇円
大学経営とマネジメント	新藤豊久	二五〇〇円
大学戦略経営の核心	篠田道夫	三六〇〇円
戦略経営111大学事例集	篠田道夫	三六〇〇円
大学戦略経営論―中長期計画の実質化によるマネジメント改革	篠田道夫	三四〇〇円
カレッジ(アン)バウンド―米国高等教育の現状と近未来のパノラマ	J・J・セリンゴ著 船守美穂訳	二四〇〇円
米国高等教育の拡大する個人寄付	福井文威	三六〇〇円
大学の財政と経営	丸山文裕	三二〇〇円
私立大学マネジメント	㈳私立大学連盟編	四七〇〇円
私立大学の経営と拡大・再編―一九八〇年代後半以降の動態	両角亜希子	四二〇〇円
学長奮闘記―学長変われば大学変えられる	岩田年浩	二〇〇〇円
大学の発想転換―体験的イノベーション論二五年	坂本和一	二〇〇〇円
大学のカリキュラムマネジメント	中留武昭	三二〇〇円
イギリス大学経営人材の養成	高野篤子	二七〇〇円
アメリカ大学管理運営職の養成	高野篤子	三二〇〇円
〔新版〕大学事務職員のための高等教育システム論	山本眞一	一八〇〇円

〒113-0023 東京都文京区向丘 1-20-6 TEL 03-3818-5521 FAX03-3818-5514 振替 00110-6-37828
Email tk203444@fsinet.or.jp URL:http://www.toshindo-pub.com/

※定価：表示価格（本体）＋税